金持ちの生活に真似《まね》ぶ

長福寿寺第56世住職
今井長秀

文友舎

まえがき

はじめまして。千葉県長生郡長南町《ちょうせいぐんちょうなんまち》にあります、『長福寿寺《ちょうふくじゅじ》』という寺の住職をしております、今井長秀《いまいちょうしゅう》と申します。拙著『金持ちの生活に真似《まね》ぶ』を手に取っていただいて、誠にありがとうございます。

こちらの本に興味を示してもらったということは、少なからず、収入、金運というものを今よりも向上させたいという願望がおありでしょう。その欲望は非常にすばらしいものだと、私は思います。

インターネットで検索してもらうと分かりますが、長福寿寺は、金運にご利益があると、数々のメディアで取り上げられるようになりました。当寺へ参拝するようになって、年収が倍以上にアップした人。宝くじについても、1億円、3億円、6億円といった高額当選の報告が相次いでいます。ただこの話だけを聞くと、

「じゃあ、長福寿寺へお参りに行けば金運が上がるのですよね？」

そんな気持ちになってしまう人も大勢いらっしゃるはず。それも確かに一理ありま

すが、それだけでは〝回答〟と呼ぶことはできません。現実的な行動が必須です。

実は私、住職に就く以前、経営コンサルタントの仕事をしておりました。ちょうど20〜30代にかけてのことです。寺の後継ぎになることは毛頭考えておらず、日々、経営と向き合っておりました。そこからなぜ仏教の道へ辿り着いたのかは、後ほどお伝えします。ただ自負ではございますが、普通の人よりはコンサル時代のクライアントをはじめ、多くのセレブリティの生活を目の当たりにしてきました。若い頃から経営者を目指してきた盟友《めいゆう》、長福寿寺へ足繁く通っていらっしゃる高額納税者の方たち。本当に多くの人たちから、経済とは何かを今日も学ばせてもらっております。

その金運が上がる目線で見てきた、成功者たちの生活習慣などを本書にまとめました。これが今の私がみなさまに提示できる、金運の上がる最高の〝回答〟です。

みなさまがこの本をヒントに行動し、金運を高めてくださることを願って。

令和3年　8月吉日　今井長秀

金持ちの生活に真似ぶ　目次

第4章 心

本文中、＊1～＊21の注釈は原則、同ページの欄外に掲載。
［1］～［21］の注釈はP156～157にまとめてあります

デザイン　小口翔平＋畑中茜＋須貝美咲（㈱tobufune）
DTP　㈱スパロウ
イラスト　髙栁浩太郎
校閲　㈱鷗来堂
撮影　竹内洋平
企画制作　小林久乃

今井流・経済学と仏門のハイブリッド論

「今井、いいなあ、おまえは坊さんになるチャンスがあるなんて！」『日本経営合理化協会《にほんけいえいごうりかきょうかい》』[1]という、コンサルティング会社に勤務していた頃に先輩からかけられた言葉です。当時、実家の後を継ぐつもりのなかった私には、理解することができませんでした。ただこの10年後にこの言葉の重要性を知ることになります。

本当に簡単ではありますが、はじめに今井長秀についてお話をさせてください。当寺にいらしたことのある方はご存じかもしれませんが、長福寿寺は普通のお寺とは少し様子が違います。

千葉県長南町の片田舎、（これだけは胸を張った自慢ですが）広大な敷地の長福寿寺の

＊1 大乗仏教の宗派の1つ

境内には、いつもポップスやジャズが流れております。本堂の前には、寺のシンボルである『吉ゾウくん』[2]と『結愛《ゆめ》ちゃん』[3]の、4メートル近い石像がそびえ立ち、参拝客のみなさんを迎えています。寺務所（お守り授与所）には、お守りや金運アップのために長福寿寺が考えたアイテムが、数多く並びます。小さなお子さんが遊べるような遊具も用意しました。

いわゆる〝寺の静けさ〟というものからはかけ離れた、テーマパークのような明るさをふんだんに漂わせた寺なのです。

そんな長福寿寺のことについて、

1968年	誕生
1983年	高校1年生から大学1年生まで、学校に通いながら天台宗＊1の総本山である比叡山＊2で厳しい修行を経験
1987年	天台宗の大学である大正大学に進学
1990年	大学4年生から日本経営合理化協会でアルバイトを始め、その後入社。経営の神様・牟田學氏より直接指導を受け、経営を学ぶ。日本全国のさまざまな経営者、その後継者と親交を結び、親睦団体『お元氣さま会』の発起人に（その後、『お元氣さま会』は牟田學氏の子息・牟田太陽氏を囲む『太陽会』と合併し、現在に至る）
2000年	日本経営合理化協会を退社。大正大学大学院仏教学研究科修士・博士課程・綜合仏教研究所へ。7年間、勉強漬けの日々を送った後、実家である長福寿寺へ
2011年	先代から長福寿寺を「お前の好きなように変えていい」と託され、本格的に改革に乗り出す
現在	参拝者から宝くじの高額当選や年収アップが続出する、『日本一の開運寺の住職』として知られる

＊2 京都府と滋賀県にまたがる山。古来、信仰の対象とされ、天台宗の総本山・延暦寺や日吉大社がある

「金運ばかりにこだわって、お守りや御祈祷までしている。胡散臭くない？」

「由緒《ゆいしょ》正しいお寺なのに、荘厳《そうごん》とした雰囲気もなく、不謹慎だ」

さまざまなご意見を日々、ちょうだいしております。ありがとうございます。

でもその胡散臭さの裏には、1人の経営者＝私の生涯をかけた思いがあるのです。


約1200年前に、桓武天皇の勅願《ちょくがん》＊3によって建立《こんりゅう》された長福寿寺。国内で勅願の上に建てられた寺は、50寺ほどしかありません。そのため、本堂には菊の御紋《ごもん》＊4を掲げております。先代である私の父が住職を務めていた頃は、皇室の関係者なども参拝に来てくださいましたが、年間の参拝客数は1000人ほど。境内に鐘の音が鳴り響く、由緒正しきお寺でした。

坊主と呼ばないで

そんな家に生まれましたが、私の未来設計図に住職になる予定はなかったのです。

と言いますのも、高校1年生から、大学1年生までの青春真っ盛りの時期、父親から

＊3 勅命による祈願。天皇の祈願

当たり前のように、厳しい修行へ出されました。それはもう……令和のこの世では、社会問題になりそうな指導が続き、仏門への興味が薄らいでしまったのでしょうね。

そして、興味を持ちはじめたのが経営者としての道。その勉強をするためには、経営コンサルタントになろうと、1990年、大学4年生のときに『日本経営合理化協会』でアルバイトを始め、そのまま入社。当時、『経営の神様』と呼ばれた牟田學《むたがく》さんや、コンサルティング会社を一部上場の会社に押し上げた船井幸雄《ふないゆきお》さんといった人物に心底憧れていました。自分も日本のトップに立ちたいと。

社会人になってからは、今でも師匠と呼んでいる牟田學さんの教えを仰ぎながら、コンサル業にまい進していました。22歳から32歳までの10年間、本当に仕事をすることが楽しかった。

コンサル会社とはいいましても、入社5年間で社員の方向性は大きく2つに分かれます。現場に出かけて経営指導をするか、事業繁栄・商売繁盛のお手伝いをするプロ

＊4　菊を図案化した家紋。中でも八重菊をモチーフにした十六弁の「十六菊」は皇室を表す紋章

デューサーになるか。私は後者を選択しました。

当時はバブル全盛期。たくさんの経営者たちが集い、私たちがプロデュースした勉強会で学んでいました。東京の『パレスホテル』[4]で年に2回、全国から800人の経営者を集めて講演会をすることも。

今も同様ですが、血気盛んに
「何としても儲けたい」

と野心を燃やす経営者たちが日本中にあふれていたのです。


ちょうどこの頃、冒頭で書いた先輩からの、私が寺の後継者になるチャンスがあることをうらやましがる発言がありました。

社員とはいっても終身雇用を望んで入社してくる人は少なく、皆将来、独立することを目指していました。会社には〝二代目〟と呼ばれる人たちも多く在籍、さらに現役のお金持ちを目の当たりにしていた先輩たちは、その多くが〝目に見えない力〟を必ず信じていたこと、それから仏教論が事業繁栄にもつながることを知っていたのです。

「坊さんは素敵な仕事だよ。経営することも、人を癒《いや》すこともできる」

「坊さんっていうのは、最高の人間コンサルタントだよな」

ああ、そういう見解もあったのかと、私の心に今までなかった光が差し込んでくる瞬間でした。

開かれた新・長福寿寺への道

一度は将来像から全力で遠ざかっていった、僧侶への道が先輩たちからの助言を受けて、徐々に戻ってきました。さらにこの思いを後押ししたのが、バブル崩壊です。今まで好景気の波に乗っていた経営者たちが、次々に倒産に追い込まれていく事態を目の当たりにしました。それだけではありません。家族や社員を残して、自ら命を絶つ人も見てしまった。私は悔しくて仕方がなかった。

「……たった数千万円のために命を落とすなんて！」

数千万円を軽く見ているわけではありません。命と現金を換えることはできない、そういう意味なのです。

1999年。私は父に長福寿寺の後継者と認めてほしいと頭を下げました。妻や4人の子どもたちも、突然、一家の主人が都会の会社員から住職に変わるわけですから、驚いたと思います。でも私の力で、この世を変えたい気持ちが揺らぐことはありませんでした。

そこからの展開は速かった。こうと決めたらすぐに動く、会社員時代の師匠たちの教えが存分に生きていたようです。大学院と研究所で計7年間、仏門を勉強して朝から晩まで1日14時間、勉強づけの毎日。でも心は、10代で行かされた修行よりもずっと充実していました。

その理由は、10年間の社会人経験があったからだと思います。ただ文字面を追う勉強だけではなく、将来の活用方法も並行して考えていました。でも周囲の学生は学者を目指して真面目に勉強している人たちばかり。

「この仏様の教えは、実際の経営ではこう使えるよね」

そんな応用をひたすら並べる私は、学生たちから評判が悪かったようです（笑）。

２０１１年、仏門と経営学の中間という、特別な立ち位置をもって、私は長福寿寺の第56代の住職となりました。ここまで祖先が培ってきた風習を取っ払い、新しい寺の在り方を提供しています。

その１つに長福寿寺が推し続けている、金運があります。金運は、その人の考え方や行動によって必ず変えられることを、人間コンサルタントでもある私が断言をします。今、年収３００万円の人でも、来年には１５００万円になることは夢ではなくて現実です。その方法を紹介していきましょう。

中にはやや厳しい意見もあるかもしれませんが、それが未来永劫の刺激となって、現金となって、あなたの元に戻ってくることをお誓い申し上げます。合掌。

第1章

衣

人前に出ることが生業となっている経営者たちは、
体型から服装まで、会う相手に
不快な思いをさせないように気を遣っています。
そして自分に合ったビジュアルをよく知っている。
お金の神様がついあなたに寄ってきたくなるような、
見た目の作り方をどうぞ

優秀な経営者たちにデブはいない

これから年収を上げたい、金運を良くしたいと思っているなら、まずは**自分の体型を見直してみましょう**。もし体に余分な脂肪がついているとしたら……残念ですが、その願いは叶わないかもしれません。

と言いますのも、私の周囲でガツガツ、バリバリと働いている経営者の面々にデブはいないのです。コンサル時代に出会った人たちも同じです。逆にガリガリの方もいらっしゃいませんし、皆、**中肉中背の均整を保った体型をしています**。経営者となると毎夜と言っても良いほど、会食が続きます。脂っこいものも食べ、お酒も飲んでいるのに、高齢になっても体型を維持されているのは、自己管理の賜物でしょう。彼らに話を聞くと、会食以外は粗食にしています。ご飯は玄米にするとか、ファスティング[*5]、運動を定期的にしている人も。体型を気にする様子は、女性たちの美意識に負けず劣らずといったところでしょうか。

＊5 断食。絶食

経営者になると人前に出ることが仕事になります。彼らは自分が商品であることを知っています。第一印象も重要視されることになりますから、太った姿でステージに立つのはご法度ということですね。

友人のサカイ産業㈱の社長・酒井《さかい》昌浩《まさひろ》さんは、若い頃には体重が115キロを超えていたことも。

「トトロくん」

ふざけて呼び名をつけられていました。飲みに行くと、二次会、三次会やラーメンまで、好んでおつき合いしていたようですから、そりゃ太ります。でも周囲からその体型では経営者としてダメだと言われて、一念発起してダイエット。最盛期には80キロまで減量しました。現在はコロナ禍の影響で少しリバウンドしてしまったため、また減量にチャレンジされるそうです。痩せていた頃に、

「太っていた方が銀座ではよくモテたなあ……」

そう彼が嘆いていたことを思い出します。確かにホステスさんからしたら、太っている人の方が会話でツッコミもしやすいでしょうし、親しみやすさがあるかもしれません。でも仕事には不向きな体型です。

長福寿寺に宝くじの高額当選でお礼参りに来られる方にも……ムダ太りをしていた人は思い浮かびません。みなさん当たる前後には、意識も変わってダイエットをしているのでしょうか？　そう思うほど、きちんとしている印象です。

これから自分の思い描いた仕事をしようとしているのなら、デブはダメです。好きなときに好きなものを食べてしまう、自分への甘さを断ってください。

ただ誤解してほしくないのですが、**デブとふくよかは全く違います**。デブとは相手に不快感を、ふくよかは大らかさを感じさせる存在でしょうか。難しいニュアンスなのですが、例えばタレントのマツコ・デラックスさんを自分に甘いデブだと思う人は、いないですよね？　だから、

「マッコも太っているんだからいいじゃない！」とは決して思わないでください。

私も住職であり、スタッフを抱えた経営者です。参拝客とも毎日、境内でお話ししていますし、メディアに出演する機会も増えました。普通の人よりは人前に出ることが多いので、体型維持には気を遣っています。

その一環として、週に2回はジムで筋トレをしています。これは経営者の間では、日常化している考えですが、**健康でいなければ、健全な思考は生まれません**。そのための運動です。風邪を引いて熱を出したら、弱気になってしまうでしょう？　あの状態をひきずっていたくないんですね。ポジティブ思考で、いいアイデアを思いつくために運動をしているようなものです。あと間食も一切しないようにしています。

いきなりジムに行け、痩せろというわけではないのです。でも今の生活のままで、突然、金運が舞い降りてくるものではありません。**何かを変えないと金運の神様も振り向いてはくれない**ことだけは、ご承知おきを。

経営者たちは潔く、グレイヘアスタイル

丸坊主の私に髪の毛のことをとやかく言われたくないとは思いますが、聞いてください。**ヘアスタイルをきちんと整えている人は、金運がとても良いです。**ぜひ、この本を一度置いて鏡で自分の頭部をチェックしてみてください。あなたの髪型には自分なりの気遣いがありますか？

思い出す限りの印象なのですが、お金持ちは、まずは毛量が全体的に多く、ツヤがあります。潤っていて、パサパサもしていないし、髪の毛が太くも細くもなくて、ちょうどいい。これはＰ20『優秀な経営者たちにデブはいない』説から続きますが、やはり食事からきちんと気を遣っている証だと思います。

ただ年齢を重ねるとぼっ発するのが、白髪問題。でも成功した人たちを見ていると、

皆グレイヘア[*6]にするか、もしくは定期的に白髪染めをするか、2つに分かれているようです。どちらにしても、潔いヘアスタイルをしているということです。

白髪でも黒髪でも、ヘアスタイルを整えることは絶対に怠っていませんし、**髪型を頻繁に変えることはないです。**というのも、髪の毛は頭部にあるわけですから、顔と同じくらいその人の第一印象に及ぼす影響が大きい。ずっと同じ髪型でいることで、

「あ、この人だ」

そうすぐに判断ができる、キャラクターづけができることを知っているのでしょう。あとは、人は後ろ姿と横顔を他人から見られている率が、非常に高い。そんなときにも大きく作用するのが、髪の毛という個性の主張なのです。

一番良くないと思うのは白髪染めすることに迷って、黒髪と白髪がまばらなまま、手入れを怠っている状態ですね。不健康そうなイメージを与えてしまいます。

誤解をしてほしくないのですが、お金を持っているから白髪染めをするわけではありません。**白髪染めをして、身なりを整えることでお金持ちになる準備をするのです。**

これは先行投資であると思ってください。決して順番を間違えてはいけません。その

＊6　白髪を染めずに生かした髪

ほかに薄毛問題や、髪の毛にまつわる問題は尽きません。でも大事なことはその人にとって、堂々としていられる材料であることです。

もちろん体質もあります。でも今はウィッグもあるし、日進月歩といわれているヘアケアの方法もある。何か手段を調べてみるのもいいかもしれません。

私の妻も毎月、長南町から特急に乗って、東京の銀座にあるヘアサロンまで出かけています。妻いわく、

「どうしても切ってほしかった有名な美容師さんで、実際に切ってもらうと1カ月間のキープ力がぜんぜん違うの！」

そう笑顔でうれしそうにしています。そのおかげなのか、年齢相応に見られることもなく、とてもはつらつとしています。

そしてその横で、今日も私はツルッツルでございます。

自分なりのラッキーカラーを持っている

一般的には金運アップの色として、ゴールドや黄色が挙げられます。長福寿寺の売店にも、ゴールドの授与品が、所狭しと並んでおります。私がいつも着ている法衣《ほうえ》＝マイユニフォームには輪げさ*7をしていますが、これも特注のゴールドです。

これらは自分を鼓舞するために、寒色系よりは暖色系がいいという理由で勧めています。もしあなたが全身、真っ黒のコーディネートをしていたら……よほど黒色に強い思い入れでもない限り、仕事のやる気も起きないでしょう。

お金持ちや経営者と言われる人たちは必ず自分のラッキーカラーを持っています。例えばアメリカ合衆国の前大統領である、ドナルド・トランプ氏はいつも赤いネクタイをしていました。赤は彼にとって特別な色だったはず。

何色でもかまいません。**自分が気に入った色こそがラッキーカラーです。**

＊7　幅六センチメートルほどの綾布で作った輪状の袈裟。略式のもので、首にかけて胸に垂らす。天台宗・真言宗・浄土真宗などで使用

同じようなラインですが、ラッキーナンバーもあります。これも自分が好きな番号を選べばいいのです。

「住職、今度のロト7は何の数字を買えばいいのでしょうか」

よく参拝客から聞かれますが、それでは金運は巡ってきません。ほかにも、購入したお守りを置く位置、吉ゾウくんに手を合わせる回数、勝負服の色……と、細かなことを聞かれることはしょっちゅう。人間はおんぶに抱っこをしたがってしまう。

断言しますが、こういう質問を繰り返している限り、お金の神様にも好かれませんから、お金持ちになることはありません。だから私のお伝えしている、ゴールドは縁起がいいとか、キラキラしたものを身につけようというのは、あくまでも情報。基礎的なノウハウです。**基本の上にあなたのオリジナルを足してください**。

ラッキーナンバーについても、そういうものを経営者たちが必ず持っているのは確かですが、どんな番号にするかはあなた自身が決めることです。

コンサルタント時代、私が25歳だった頃に中神公子《なかがみきみこ》さんという、色彩プロデューサーの方を担当することになりました。彼女はアメリカから日本に初めて『ブルーベース』『イエローベース』という概念を持ち込んだ人です。今、女性の間では肌の色のニュアンスを示して『ブルベ』『イエベ』という言葉を使いますが、基本はそれと同じことです。同じ色でもベースで発色が変わってくるということです。

今から28年前の日本では、建物や看板の色に寒色が使われていることも多く、不動産会社も看板の大きさなどでのPRが普通だった。そこへ中神さんが教えたのは、「看板の色を赤に変えましょう。ただひと口に赤と言っても、ブルーベースかイエローベースかで売れ行きに違いは出てきます」という、新しい法則。今では当たり前のものになりましたが、それだけ経営には色の作用は大きい。だから皆、勝負色を大事にしているのでしょう。

ただ、ラッキーカラーは験担ぎとは違います。その色を目にしたり、つけることで**自分の気持ちをポジティブに切り替えることができるものです**。それがおまじないや、お守りと呼ばれてもいいとは思いますが、重要なのは気力が上がることなのです。

流行に惑わされず、長財布を愛用

最近では4つ折りにするメゾンブランド＊8の財布が流行しているようですが、金運を上げたいのなら、やはり長財布をお勧めします。その理由は拙著『日本一の開運寺住職が教える金運財布の作り方』（KADOKAWA）でも説明しましたが、簡潔に言えば**お金さまにとって、居心地の良い環境を作ってあげるためです**[5]。やはりお札を折り曲げて持ち歩くのは、良いことだとは言えません。お金さまの気持ちになれば、分かりますよね。

高額当選された参拝者もやはり長財布を使用している方が多いです。

資産家、経営者になると、もう長財布は定番です。ヒップポケットには入れず、30万円くらいの現金を常に入れている人たちを見てきました。そして彼らは食事をすると、相手に財布を開かせないように、奢《おご》り合戦になります。奢った倍の金額が、後々

＊8　最高級の素材と熟練の技術によって作られた、完全オリジナルなアイテムを取り扱うブランド

戻ってくることをよく知っているからです。最近の若い人たちの間では、割り勘ルールが普通になっているようですが、財力を持ちたいのなら、せめて後輩には財布を開かせないようにしたいものです。ずっと財布をしまって、〝奢られ待ち〟をしているようでは……まず金運は上がりません。

また、人に奢る場面で、２つ折りの財布を出すようでは、ちょっと迫力が足らない。ブラックカードが何枚入っていても、やはり現金の厚みがないと格好はつきません。もちろん、資産額が億を超えている人物で、２つ折りの財布を使用している人もいます。でもその人たちは、〝基礎〟の部分ができているからいいのです。この〝基礎〟の部分について説明させてください。

長福寿寺ではさまざまなアプローチで、参拝客へ年収アップさせる方法をお伝えしています。境内で直接話す、祈願祭[6]での法話、メルマガ、ＳＮＳなど伝える場は固定していませんが、年収３００万円の人を、１５００万円になるように導く。これが我々の第一ステージです。

年収300万円の人の共通事項として、若干の負け癖があります。

「そんなのは無理、できない！」

周囲からの意見や提案に対して、まずは否定、そしてできない責任を周囲のせいにする、陰口や悪口の連発。後ろ向きの姿勢。でもこういう人たちが生活スタイルを変えて、年収が1500万円になっていく様子をこれまで何度も見てきました。

要は**お金さまに感謝の意を示す、否定をしない、悪口と陰口を言わないこと**。3つ目に関しては、他人の良いところを見るという考え方にもつながります。生活が変わって仕事が忙しくなる、考えることが多くなると他人の行動や性格もそんなに気にならなくなるものです。

この基礎を本書からキャッチして、資産家たちの行動を真似ましょう。

ですから、

「億万長者になりたいので、宝くじを当てたいです」

という野望は歓迎しますが、まずは基礎固めからお願いします。5億、6億と高額当選をしている参拝者から、長福寿寺の境内で何度も報告を受けてきました。境内に設置したホワイトボードにも、喜びの報告が山ほど書き込まれています。でもみなさん、突然、億万長者に成り上がったわけではないのです。日々の積み重ねや、第4章『心』でも紹介していますが、目には見えない力を信じていることの結果です。

ちなみに宝くじで当選をした人にもお伝えしているのですが、**当選額の3分の1は世の中の人のために使うこと**。それが生きたお金の使い方です。必ずその行為はまた自分の元に、お金になって返ってきますから。

話が財布から少しそれてしまいましたが、このような基礎がしっかりと固まるまで、財布は長財布一択。これに尽きます。

あなたにとって、幸せな生活へのパスポートになるのが現金ですから、保管しておく場所が窮屈ではいけませんよね。好きな色、少し背伸びをしたブランド、いつも何円が入っているのか管理できる、見通しの良い財布を購入してください。

購入をしたら、**いつも必ず1万円以上を入れて、種銭《たねせん》[7]作りを忘れないように。**

電子マネーと現金を区別していない

長財布について書きましたので、今度はその中身について続けましょう。

「現金と電子マネーでは、やはり現金の方がご利益は高いのでしょうか？」

この質問を参拝者からよく受けます。全国の神社仏閣ではお賽銭を電子マネーで支払えるところ、インターネットでカード支払いをできるところもあると聞きます。コロナ禍もありますので、それは時代の流れに乗った正しい選択だと思います。

ただ結論としては、**現金と電子マネー、どちらも変わりません**が、紙幣や硬貨の方が目に見えますから、心が通いやすいのは確かです。電子マネーになるとそれが分かりづらいので、お金さまという感覚が、単なる『お金』という道具になってしまう。感謝の気持ちが見えてきません。

実は長福寿寺では電子マネーの取り扱いはなく、基本は現金のみでのやりとりです。将来的な導入はもちろん検討しています。個人的には現金主義ですが、それは私の世代の感覚。生まれたときからスマホのある生活を送ってきている、平成や令和生まれの子どもたちは違います。だから次世代にも、お金さまのありがたみや、敬う気持ちが伝わるシステムが導入できないかと、プログラミングをしています。

ただお賽銭に関しては、現金のままの予定です。

経営者たちは新システムに敏感ですから、周囲でも、公私ともども電子マネーを使用している人は多いです。彼らは年齢を言い訳にすることはありませんから、新しいものには常に目を光らせて、勉強を怠っていません。そして新しいものを生活に取り入れることが、時間の効率化を図ることにつながるのを知っているのです。

ダイヤモンドをタンスの肥やしにしない

妻が今から20年ほど前にうつ病を患ったことがあります。ちょうど私が、経営コンサルタントから、長福寿寺の後継ぎとして転職をした頃ですね。会社員の妻から、寺の女将というのは別世界です。子育てや家事もしながら、新しい生活スタイルを受け入れなくてはいけないプレッシャーで、彼女の心が崩壊してしまいました。

そんな時期、偶然にも斎藤一人《さいとうひとり》さん[8]が長福寿寺を参拝してくれるようになりました。ただ私も当時は大学院生と僧侶を並行しながらの生活。言い訳のようですが、今のように寺の隅々まで目を配っている余裕もなかった。ですから一人さんのような著名な方が、当寺を参拝してくれていることに気付いていなかったのです。

一人さんはうつろな目つきで境内をふらふらしている妻に、

「そんな暗い顔をしていちゃダメ！　もっと口角を上げて、笑って！　で、キラキラしたものをつけなさいよ。タンスに仕舞ってあるダイヤモンドがあるでしょう？」

こう笑いながら話しかけたそうです。彼はいつも全身白のオーダーメイドスーツを愛用しています。そんなインパクトのある紳士に突然話しかけられたら、驚きますよね。

「……はあ、主人に買ってもらった宝石はありますけど、高いものを落としてしまったら怖いですし……」

「ダメダメ、そんなこと言ってちゃ！　落としちゃったら、また旦那に買ってもらえばいいんだから！」

キツネにつままれたような状態の妻。でもその日を境に笑顔でいることを心がけて、少しずつ病状が回復していったのです。

私も一人さんと同意見、経営者たちも口をそろえて言います。

「タンスの中に眠っている宝石をとっとと出してきなさい」

参拝客の女性に伝えると、

「ありますけど、それはいざというときに使いたいと思っていて……」

そう答えることが多いです。でも**その〝いざ〟がきたら、また買えばいいのです。**パートナーに買ってもらってもいいし、自分で買ってもいい。もし仕舞いっぱなしの宝石が10万円のものなら、次は100万円のものを買えるような自分になるのです。**宝石を身につけることは、金運をジャンプアップさせるための踏み台なのです。**

私のおすすめは、スマホカバーにスワロフスキーをつけること。もしくはちょっと無理をして、3つくらいダイヤモンドをつけておくことです。

「スマホは携帯しているものだから、もし落としたら……と思うと……」

そんなふうに以前の妻のように答える人もおいでですが、そういう考えはしないこと。いつまでもそんな考えがよぎってしまうから、いいものが買えなくなってしまう。

いいものを身につけるのは、自己投資。

でも、実際にスワロフスキーをつけると、注意するようになりますから落としている人はいないです。もし落としたとしても、笑っていられるくらいに稼いで、年収を上げておけばいいのです。

いつも笑顔でいる

「笑顔がないと幸せになれないよ」

　これは私の口癖です。そこだけ聞いていると
「笑顔になるだけで幸せになれるもんか」

と胡散臭がられてしまいそうですが、事実なのだから仕方がない。

　経営者たちもよくインタビューを受けたり、写真を撮られたりしていますが、皆素敵な笑顔です。口角が上がっていて、清々しい表情をされています。『笑う門には福来たる』と昔から言いますが、本当にその通り。年末年始が近づくとドキュメンタリー番組で、

「今年は不景気で暮らしていけない、国からの補助もない」

と、インタビューで話している人に笑顔はありません。今、ＳＮＳでの誹謗中傷も社会問題化していますが、投稿している人たちはきっと笑顔ではないのでしょう。もし

笑っていたとしても、誰かを貶《おとし》めようと企んでいる、不敵な笑みです。とても見られたものではありません。*9

笑顔だけではありません。

「(あ、この人はタダモノではないな)」

そう思う人はみなさん、初めから笑顔で姿勢がいい。もう絶対的な法則です。

5年前から参拝に来ている内山栄治《うちやまたかはる》くんという30歳の男性がいます。

最初に境内で見かけたのは、朝の掃除中です。背中を丸めてトボトボと歩いていました。長福寿寺に20~30代の若い男性が1人で来るということは、金運に恵まれたいとか、何か目的があるはず。そう思って彼に近寄って、

「ハイハイ、笑顔になりましょう!」

と声をかけました。ただ彼は、

「住職、そんなことを言われても僕は幸せではないから、笑うことができないんです」

*9 貶める……劣ったものとして見くだす。さげすむ

と暗い返事。これが記憶に残っています。

「それは違うよ。**幸せだから笑顔になるんじゃなくて、笑顔だから幸せになれるし、金運が寄ってくるんだよ**。明日から、鏡の前で3分間、笑顔の練習をしてごらん」

そう言うと真面目な彼は、言われた通りに練習を始めました。その結果、社内評価もアップして昇給、宝くじもちょこちょこ当たるようになってきたそうです。

長福寿寺にも月一ペースで参拝に来て、祈願祭には必ず顔を見せています。

でも2021年の初め。またばったり内山くんに会うと、

「最近、うまくいっていなくて……」

出会った当初の彼に戻っていました。スタッフの間でも、内山くんに笑顔がないと心配されていたようです。私は笑いながら、

「あたりまえだろう？　全然笑顔になっていないじゃないか」

また彼の背中を押しました。

笑顔でいることは練習をして習慣にしていないと、すぐに忘れて運気が下がってく

る。人間はどうしても油断してしまうのです。

笑うだけなら料金がかかるわけでもないし、人前に立つことが多い著名人でもなければ、使う機会の減ってくる表情筋を使いますから、顔のパーツのたるみ予防にもなります。アンチエイジングですよね。老け込んで見える人は、表情が暗いですから。

「おかしくもないのに、笑っているのは恥ずかしい」

そんな意見も分かります。

それでも意味もなく不機嫌にしているよりは、意味もなく笑って、機嫌が良さそうにしている方があきらかに印象は良くないですか？　例えば赤ちゃんも笑わないでずっと無表情だと、母親は心配になりますよね。病気をしていた人が回復して、笑うようになると見ている側も安心する。

笑顔とは人間のさまざまな感情や状態を推し量る、バロメーター。そして**ひと目で分かる年収の表れです**。

白髪が増えても
小まめに染めているか、
グレイヘア
いつも笑みを
絶やさない
毛量が全体的に多く、
髪にツヤがある
姿勢が良く、
アゴも上げて
いる
服装は暖色系
など、明るい
配色
中肉中背
長財布を愛用

ネイルはOK、タトゥーはNG

長福寿寺のスタッフは基本的に服装に対して、特に制限をしていません。でも暗そうな格好をなるべく避けるようにとはアドバイスをします。ですから、由緒正しき寺ではありますが、ネイルはＯＫにしています。

皆、ストーンをつけてキラキラさせたり、好きなキャラクターのモチーフネイルで思い切りデコラティブにしたり、もうやりたい放題です（笑）。

「お寺の人がそんなギラギラのネイルをしているなんて！」

参拝者からクレームをいただいたこともあるようですが、今後も特に規制を設ける予定はありません。なぜならこれは**本人の個性を伸ばすためであると同時に、参拝者の金運アップにもつながる**と判断しているからです。

一般的な職場では、社員を同じカラーに染めようとします。個性がちょいちょい出てようものなら、上司があなたを潰しにかかってくる。そんな経験はないでしょうか？　少しでも目立つことを個性とは認めてくれません。これを私はしていないのです。**ネイルは自分の殻を破るための、1つのチャレンジ**だと思っています。心を閉ざしていた人への、前に進むための後押しであると考えたら、特に規制する理由はありません。

ただいくら流行っているとはいえ、タトゥーは自由な風土の長福寿寺でもNGです。国内の経営者や資産家に、タトゥーをしている人……見たことがないですよね？　仕事が大きくなればなるほど、幅広い年齢層の人物に会う機会が増えます。彼らは誤解を招く、説明が必要になるという外見は避けているのです。

へそピアスや金髪もOKの私ですが、タトゥーだけはNGです。

アゴを20度上げて歩いている

経営者の特徴の1つに姿勢の良さがあります。笑顔であると同時に姿勢もいいから、そこからパワーが見えるような気がするくらいです。ちなみに我が父も代替わりはしたけれど、現役の僧侶。厳しい修行の成果なのか、今でもどんなに酔っ払っていても背筋がしゃん、としています。

きちんと収益を上げている会社の社長もまた、うつむいて歩いている人は見かけません。むしろ、ふんぞり返っているかもしれません（笑）。体型と同じく、いつも自分が周囲から見られているという意識があるのです。

スマホの普及によって、本当に下を向いている人が増えました。たまに電車に乗ると、皆がうつむいている風景が目に入ってきて……切なくなります。

熱心な参拝客の一人、木都老《きとろ》政之《まさゆき》さんも、

「俺、ずっと下ばかり見て生活していた気がする」

かつての自分を振り返っていたことがありました。長福寿寺を訪れる前は借金で住む家も追われ、公園で寝泊まりしていた彼ですが、今では年収も上がり、幸せな生活を送っています。彼は下を向いて生活することがいかにマイナスか知っているのです。

金運アップ、将来的に収入を増やしたいと思っているのなら（もう笑顔は当然として）、**腹筋に力を入れて、肩の力を抜いて、反り腰にならないように、姿勢を正してみてください。**

いきなり無理そうなら顔を正面に向けて、アゴを20度上げる。そうするとスッと姿勢が正されます。30度になると偉そうな雰囲気になってしまう。でも20度を意識すると本当にちょうどいいのです。

第2章

食

豪華な料理を食べることが
お金持ちになった証ではありません。
「断つものは断つ、楽しむときは存分に楽しむ。
どうせ食べるなら、儲けなきゃ損」
経営者たちはそんな食生活を送っています。
あなたがそれを実行する様を、神様は逐一見ています

外食をコミュニケーションの場にしている

この本が発売された令和3年。世界では新型コロナウイルスによる、パンデミックが起きています。脅威、という言葉の意味を改めて思い知らされました。とはいえ、この状況はずっと続いていくものではありません。いつか終焉が来ます。

ここから紹介していく、資産家や経営者たちの食に関する習慣は、コロナ禍明けに適用するものだと理解していただければ幸いです。

まず早々に断言しますが、**食事は〝空腹を満たすためのもの〟という感覚でいる限り、天に上るような金運が訪れることはありません。**

お金持ちは食事をコミュニケーションの場……つまり会食ですね、それから健康管理の一環と解釈しています。後者に関しては後ほど説明しますが、会食について言うと、そこで情報交換をしたり、成功者たちの話を聞くことを目的にしています。食事をするというのは、会いたい人に会うための口実や、きっかけに過ぎません。人脈作りと考えています。

彼らはもちろん、適当な店選びをしません。各々がシチュエーションに合わせた行きつけの店を持っています。

「今日はどうする？　和食？　中華？」

基本的には仕事の話をしますので、個室のある店をベースにしています。私は今でも経営者仲間たちと集まることが多いのですが、20人くらい集まるときはホテルの部屋を借り切ることもあります。それだけ外に漏らすことのできない話をして、刺激を受けて、明日からの活力にしているのです。

日本には接待という習慣がありますが、これも情報交換の場ですよね。酒を嗜《たしな》みながら、少し解放された空気感で、取引先が何をしたら喜んでくれるのかを探る。酔っぱらったら負けです。

接待文化にも表れているように、彼らは**傾聴《けいちょう》がとても上手です**[*10]。そして相手に話をさせることも得意。食事や酒に気を取られて、まったく聞いていないことはありえません。上手に皆へ話を振って、会話を回す。司会者としても長けているのかもしれません。

これが会社員ならランチでいいのです。お弁当を買ってデスクで寂しく食べているのなら、休憩の1時間を活用してください。誰かを呼び出して、一緒に食べることで得られる情報はあるはずですから。

お金持ちになれないという人は、食の意識が自分だけに向いているんです。あれが食べたい、これが食べたいというただの食欲です。でも食事を通して、同席した相手から何かを学びたい、相手の笑顔を見たいという意識に変わった瞬間、自分も変わります。もちろん、おいしいものを食べるのはいいことです。しかし、自分がおいしいだけではなくて、それを誰かと共有するから楽しみにも変わるのです。

最近では1人で焼肉に行く人もいますし、そういう形態の店舗も増えています。た

＊10 耳を傾けて、熱心に聞くこと

だこれは自分にはできない、と思います。私は1人で外食をしたことがありません。1人で、ただ食べたいものを食べに行くのでは、コミュニケーションにも、健康管理にも当てはまりませんから。生まれてからずっと家族か仲間と食事をしているので、1人外食ができない……。もし、1人でしろ、と言われたら、コンビニで野菜を買って食べてさっさと寝ます……。

でも1人で出かけて、そこで知らない人と話して、コミュニケーションを取るということなら、人脈を広げようとする気持ちが見えるので賛成です。

1人で行って、誰とも話さないで帰ってくる。それでは食事の意味もないので、**誰かと笑顔で話すところから意識を変えてみてください**。外食が増えると太るのではと心配する人もいますが、そんなことはありません。しゃべるという行為で発散ができる。

あの黒柳徹子さんもご年齢の割にはよく食事を召し上がるそうです。でも太らないのは、食事中、ずーっとおしゃべりを続けているからだと聞いたことがあります。

孤食よりも、会（快）食で参りましょう。

食べないこともルーティンにしている

次に、食事を健康管理だと捉えている、経営者たちの習慣についてです。

普段は会食で肉や魚を楽しんでいますが、それをずっと続けていたら、太るか、病気になるかのいずれかです。彼らは健康であることが良いアイデアを生み出す源だと知っていますから、**定期的にファスティングをしています**。3日～1週間くらいを目安に、水分以外を摂らない。

「(いつもご飯に誘ってくるあいつ……連絡ないな？)」

ふと思い出すと、ファスティング中ということが多いです(笑)。こうすると体内から余分なものが全部抜けますから、胃腸も休むことができて、良い血液を作り出すと聞きました。ほかに、自宅では玄米を取り入れた粗食を召し上がる方もいるようです。食事をするエネルギーはすべて外食に向けているのです。

また、**1年に1つ、〝断ち物〟を決めています**。自分にとって、魅惑的な食べ物を断って、精神を律するのです。

私も今、家の食事ではできる限り、炭水化物や糖質を摂りません。そりゃ、パスタも白飯もピザもおいしいですよね。でも夜はもう寝るだけですし、体はエネルギーをそんなに必要としていませんから、ここは断つ。とはいえ、家族が目の前でおいしそうに食べているのを見て、羨ましくなったら、最近は『豆腐そうめん』で乗り切っています。ほかにも豆製の麺や、糖質ゼロのピザも活用しています。そんな情報をダイエッターのように検索して、夜はタンパク質と野菜のみ。

あと、ここ数年は家での晩酌もやめています。その代わり、外食や会食では遠慮なくいただきます。**ファスティングや断ち物は、食生活のバランスをプラマイゼロにして、いつでも健康でいるための手段**。それがお金持ちの真の姿です。

年収が1億円になったら、毎日豪華絢爛な食事をとれると思っていたら大きな誤解です。

肉でエネルギー補給をしている

経営者たちが何をよく好んで食べているかといえば、圧倒的に〝肉〟です。野菜や果物を前にしてもそんなに変わりませんが、肉が出てくると笑顔の量が違う。それだけパワーがもらえる食材なのでしょう。

経営コンサルタント時代に出会った人たちとは『お元氣さま会（現・太陽会）[9]』という、プライベートの交流会を作って、継続的に食事会を開催しています。皆、それぞれに経営者やコンサルタントとして活躍していますが、まあ……肉が好きです。特に指定がなければ、鉄板焼きか焼肉でワイワイと盛り上がるわけです。食べる量も1人300グラム以上はペロリ。皆、孫がいる年齢なのに、肉を食べることに対するポテンシャルだけは、若者に負けていません。

タンパク質の補給でプロテインが流行していますが、お金持ちになりたいのであれば、**肉。まずは今晩のメニューに、血も滴るステーキを召し上がれ。**

キッチンはショールームのようだ

ホームパーティーなどでお金持ちのお宅に伺うと、

「ショールームでしょうか？」

そう聞きたくなるほど、片付いています。無駄なものが1つもなく、すっきりしています。スペースが広いことだけが理由なのではなくて、使いたいものにすぐ手が届く、使ったらすぐに片付けるというルーティンが継続されているのです。

キッチンは食を通して、家族の健康を管理するスペース。経営者の健康状態を把握するためにも、ご本人やその奥様たちはキッチンをきれいにすることを心がけていらっしゃるのだと思います。そこで、私が気付いたせめてここだけは守ってほしい、金運が上がる方法を伝えましょう。

まず、**ゴミ箱は蓋がついたものを使用してください**。ゴミにはどうしても悪い気が宿ってしまうので、それを外に出さないためです。よく風水でトイレの蓋を閉めなさいと言われますが、近いかもしれません。

ただ、長福寿寺方式は風水そのものとは少し作法が違うので、例えば**冷蔵庫の扉の表面に書類やチラシなどを貼る行為はOKです。**ＮＧであるのは、いろいろ貼りすぎてしまって、何を貼ったのか？　肝心なことを忘れてしまうこと。1年前のＰＴＡのお知らせが貼ってあるようでは、お金の神様も寄ってきてはくれません。その程度の情報を整理しておけないというのは、いわば自分のお財布や金庫の中身を把握できていないも同然です。

キッチン周りにあれこれ置きっぱなしにはせず、テーブルも調理場もシンクも使用中以外は物を置かない。洗った食器はすぐにしまって、換気扇も常に回し、悪い気を停滞させない。このような心がけを繰り返していると、冷蔵庫に何が入っているのかも把握できるようになり、賞味期限切れの食品と格闘することも減ります。書きながら、

「こんなことはあちこちで言われているから分かっているよ」

そう言われそうだと思いましたが、**整然としたキッチンは財産の源。**おろそかにしてほしくないという願いを込めて、一筆。

テーブルマナーは「おいしい！」の第一声

P56の『肉でエネルギー補給をしている』で紹介した、お元氣さま会で見かける光景についてお話ししましょう。

メンバーの大半は世間一般で言うおじさん世代ですが、そんな面々が集まっても、まるで白金台や田園調布などの高級住宅街で行われている奥様会のように、皆、出された料理はきれいに食べています。

彼らも含めて経営陣というのは、しっかりとしたテーブルマナーをプロから習っています。会食が多いのでこれは必然です。食事はコミュニケーションの道具ですから、食事を通して、相手側に自分を気に入ってもらうことが目的です。

「この人と一緒に仕事をしたら面白そう」

そんなときに、クチャクチャと音を立てて食べる、犬食いをする、箸でお皿を引き寄せる、といったようなマナー違反が見えると幻滅してしまいますよね。相手がいくらお金持ちだったとしても、一緒に仕事をしたいとは思わなくなってしまいます。

こういう事態に陥らないためにも、経営者たちはテーブルマナーを学んでいます。後継者の立場だと幼少期からしつけられていることもありますし、私のように仏教の厳しい修行で身につける人も。修行の場合は器を置くときに音を立てるだけで、コテンパンに怒られるほど。でも、そこまでシビアになって覚えることはありません。

あまりマナーのことを言いすぎてしまうと、堅苦しく伝わってしまいますね。ですから、相手を不快にさせない程度のテーブルマナーの知識だけ、頭に入れておいてください。明日からマナーを取り入れようといきなり踏ん張ると、デビューしたばかりの俳優がいきなりアカデミー賞を目指して、難解な役柄に挑戦するようなもの。**まずはきれいに、ゆっくり食べる**。基礎中の基礎から始めてください。

それともう1つ、今すぐにできる大切な食事のマナーがあります。

「おいしい！」

そう第一声で言うことです。経営者同士が集まって会食していると、皆、合戦のように言い合っていますね。この一言は魔法のようなもので、聞いても、言っても目の前のメニューがおいしく感じられる。お寿司屋さんで言ったら、板前さんも気を良くしてお寿司のネタが厚くなるかもしれません。言った本人が心の底から思っているかどうかは知りませんが（笑）、**「おいしい」の一言は、場を和ませるためのものでもあり、また料理をしてくれた人への敬意でもあるのです。**

食べ散らかして帰ることもありません。残すなら最初から手をつけないか、「申し訳ない、ちょっと具合が悪くて」と一言を添える。中には体型維持を優先して、最初から「コース料理の量を半分にしていただけますか？」

そうオーダーする人もいます。**作ってくれた人が不快な思いをしたら、そこで縁が切れてしまいますから、さりげなく気を遣うのです。**

私が若かった頃、田舎のレストランで味に文句を言ったことがあります。

「やっぱり田舎の味は洗練されていない」

生意気にもそのようなことを言いました。そんな私に先輩の酒井さん（P21参照）が、

「長秀、そんなことを言っているようでは、いい経営者にはなれない。いいか？ 食事はおいしいものを食べるんじゃない。おいしくものを食べるんだ。本当においしいものを食べたいと望むなら、東京の高級レストランへ行けばいいさ。でも今後、大物になればなるほど、どこでどんな料理を出されるか分からなくなる。どこへ出かけても、何を食べても、おいしく食べるんだ」

そう言ってくれました。このときから今でも外食時には、

「おいしい！」

「ごちそうさま。今日もおいしかったよ」

を忘れません。

テレビで放送されている料理番組でも、必ず一言目には前向きな言葉を発していま

よく人の話を聞く
飲食店の個室で食事をすることが多い
おいしい！
メニューに肉が多い

冷蔵庫に貼ったプリントは整理されている
こだわりの食器を使う

すよね。タレントさんによっては語彙《ごい》力を増やして、もっといいリアクションをしたいと思っている人もいるようですが、それは別。シンプルな言葉こそ、作ってくれた人に届くのです。

会食の場に限らず、まずは今日の晩御飯から魔法の言葉を使ってみてはいかがでしょうか。

「いただきます」

「おいしい！」

「ごちそうさま」

きっと、明日からのテーブルに並ぶ品数が増えることでしょう。

二次会には不参加

年商が上がれば上がるほど、経営者は二次会には参加しません。一次会はコミュニケーションの場ですから、必ず参加します。でも二次会は

「もうちょっと飲もうぜ！」

というのが趣旨で、特に目的はないからです。酔いがまわって、最終的にグデングデンになってしまうようなら、**せっかく一次会で結んだ縁すら消えていってしまうかもしれません**。手にした一杯が誰かを幸せにするのか、あるいはただの自己満足なのか、そこを考えてほしいと思います。

もちろん修行ではないので、飲むなとは申しません。長福寿寺のあり方は、大乗仏教[10]の経典の1つである『維《ゆい》摩《ま》経《きょう》』[11]がベースになっています。その主人公である維摩居士さんは僧侶ではなく商人で、酒場にもキャバクラにも行きます。でもそこで飲んで帰るだけで終わらずに、その場にいる人々を上手に仏門の教えへと導く。頭ごなしの

お説教には耳を貸さない人も、酒場で打ち解け合った仲ならば、言葉に耳を傾けます。我々も同様で、寺にじっと座ったまま、

「みなさん、法話を聞きにいらっしゃい。お檀家さん、お布施をよろしくお願いいたします」

なんて言っていたら、誰も寄ってこないですし、寺の経営そのものが危ぶまれてしまいます。

お酒は誰のために飲むか？　を考えるのが大事です。体質上、飲めない人もいますから、そういった方の場合は例外です。でも会食で、

「今、ダイエットをしていまして……」

と、自分の都合でお茶を飲んで静かにしているのもいかがなものでしょうか？　それなら当日心ゆくまで楽しむために、普段の食事量をコントロールし、お酒を控えておく。どこかで帳尻を合わせればいいんです。

お酒は飲んでも呑まれない、そして翌日には絶対に残さない、で。もし残っていても、だるそうな雰囲気を見せるのは、ご法度です。

エナジードリンクに頼らない

疲れたとき、あと一息だけ頑張りたいと思ったときに何を想像しますか？

ドラッグストアやコンビニで販売しているエナジードリンクを思いついたら、危険信号です。この本を読んでくださっているということは、少なくとも金運を上げたい、年収を増やしたいという野心をお持ちでしょう。そんな人にはお勧めできないのが、エナジードリンクです。

経営者たちはこれを飲んでも一瞬エネルギーが上がるだけで、その力をキープできないことを知っているので、基本的に飲みません。どんな成分が入っているか？　は、専門家ではないので詳しいことは書けません。でも新商品から定番まで、売れ続けているということはそれなりに依存性も高いはず。スポーツ選手も、体に負担がかかることを理由に飲んでいないそうです。

エナジードリンクに頼らないと仕事ができないようでは、年収アップは期待できません。本来の自分らしいパフォーマンスだって、できなくなってしまう。

眠気を覚ましたいならブラックコーヒー、周囲の雑音が気になるならイヤホンのノイズキャンセリング機能など、何かしら自分が集中できる手段を見つけてみては？

食器は割れて当然だと思っている

人によっては贔屓《ひいき》の陶芸家がいることもあるほど、皿にこだわっている経営者は多くいます。ただ彼らの感覚としては、〝皿＝盛るための器〟というものではなく〝見せるもの〟。特に日本料理店へ行くと分かるのですが、盛りつけてある料理の分量に対して皿が大きい。これは単に料理を運ぶ道具という考え方ではなく、皿のデザインを含めて料理をおいしそうに見せるための心配りです。

並べられているのは、茹でたジャガイモだけかもしれませんけれど、皿によっておいしく感じることができることを知っているんですね。

まずはスタート地点として、**100円ショップで売られている皿は使うことを控えましょう**。昨今の100円ショップには、アイデアグッズが多数置かれていますし、便利です。これは使っても大いに結構です。

でも、ここで気にしてほしいのは、**安すぎる器でごはんを食べると、おいしく感じられない**ということです。

食事をしていると、食器は必然的に目に入ってきます。それが１００円で購入したものだと、

「やっぱり私はお金がないよねぇ」

そう自分自身を呪縛してしまうようなものです。ちょっとでも無理をして高価な皿を買ったのなら、そういうテンションにはならないはずです。これから資産を増やしていこうとする人に、安い器はあまり持ってほしくはない。

高いものを買っても、タイミングが悪ければ陶器は割れます。でも割れることは必然。**その皿の役目が終わったと考えればいいわけです。**

「このお皿、１万円もしたのに！」

と、家族と揉め始めたら負けです。『金持ち喧嘩せず』[*11]と言う通り、ブツブツ言わな

いことが大切です。

割れた皿を処分するときには、お清めのために塩をかけた方がいいのか？　と聞かれることもありますが、そんなことは行わなくても大丈夫。

「ありがとうございました」

「長い間、お世話になりました」

そう言って捨てられるかどうかで、その人の在り方が変わります。

形あるもの、いつか壊れるのですから、

「割れたから、また買うチャンスができた」

「新しいものを買えば、陶器屋さんが儲かるのだからいい」

このくらいの心持ちで参りましょう。

＊11　利にさとい金持ちは、喧嘩をすれば損をするので人と争わない

コラム
1

経営者から見た私と長福寺
「今井さんがただの坊主で終わることはない。それは周囲の人間、皆が認めていたことです」

藤吉繁子氏　㈱東伸　代表取締役

「お母さん、元気?」

今井さんは私のことを、『お母さん』と呼んでいます。30歳以上年齢が離れているのですから、母親みたいなものですよね。出会ったのは、『日本経営合理化協会』に彼が勤務していた頃です。第一印象ですか?　声が大きくてすごく明るい方ということが、今でも記憶に残っています。おつき合いが長くなって、分かってきたのは、彼が非常に高邁《こうまい》*12であることとですね。人との距離感を理解していて、ほどよく相手を立てながら、意見をするところは外さない。だから年齢の離れた私のことも特別扱いをしないで、若い経営者の集まりである『お元氣さま会』の仲間に入れてくれました。

*12 志などが高く、すぐれていること

彼は会うたびに

「お母さん、やっぱりお金がないと明るく元気になれないよね！」

と口グセのように言っています。

この考え方は私もすごく好きです。大変な世の中になりましたから、みなさん、聖人君子のような存在感を僧侶に求めていないでしょう？ 僧侶と聞くと真面目そうなイメージですけど、彼は俗っぽいところがあって、うまく現代とバランスが取れている。だからご実家の寺を継ぐと聞いたときには、彼の商才を発揮できるし、必ず何かを成し遂げると期待しました。

そう感じていたのは私だけではありません。20年ほど前に経営者同士のつながりで、会社の規模とか地位とか関係なくおつき合いする会『さんづけ交流会』がありまして、『アート引越センター』を運営する『アートコーポレーション㈱』の寺田千代乃《てらだちよの》さん、『㈱ホテルゆのくに』の新滝淳子《しんたきじゅんこ》さんたちとご一緒の一泊旅行に彼と阿比留宏《あびるひろし》さん（P147参照）をお誘いしました。そこで主催者の方から

「藤吉さん、あの今井さんはただの坊主で終わる男じゃないよ」

そうささやかれて、私も納得した記憶があります。

私が長福寿寺へお邪魔したのは、すでに吉ゾウくんが建立されていた頃です。彼が話していた通りの寺……ではなく、テーマパークとでもいいましょうか。良い意味で境内に儲かる香りがしていました（笑）。そうそう私も、お財布や、宝くじ入れを買いましたね。

確かにあのパワースポットへ行って、今井住職の言うことを忠実に実行していたら金運は上がると思います。

やっぱり金運は前向きな人にしか巡ってこないというのは、私もたくさんの経営者を見てきて知りました。金運は自分の手で掴み取るものです。運が悪いとぼやいて、前に進もうとしない人たちには回ってこない。もちろん、人生は順風満帆ではありません。85年も生きてきて、60代で突然、会社の代表取締役に任命されて、苦労を重ねた私が言うので、間違いありません（笑）。でも追い詰められたときこそ、立ち上がる力を持てるのは、常日頃の心の持ちようなのだと思います。

この考えを今井さんと出会って、さらに強く思うようになりました。本当に感謝しています。これからもずっとつながっていたいと思っています。

藤吉繁子（ふじよし・しげこ）……食品の包装材や粘着テープ、電子部品などの製造に関わる産業用機械の総合メーカー・㈱東伸の代表取締役。薬剤師となった後、市役所勤務を経て父親が創業した同社へ。その後、夫である郁生氏が会長になるのを受けて社長へ就任。2015年から現職。著者からは「お母さん」と呼ばれ、定期的に旅行をするなど親しいつき合いを続けている

第3章

住

経営者たちは住まいについてこう考えています。
『心を清めて安らげる場所』『人が集まる場所』。
整理整頓を当然のものとして生活している、
彼らの“環境”について触れます。
お金さまたちが率先して集まってくれる、
家づくりのヒントをここに

家を選ぶ際は『旧住所』を気にしている

最近ではお金持ちが持ち家ではなく、賃貸物件を渡り歩いて生活しているパターンもあると聞きます。それだけではなく、ホテル住まいという人も。

ただ、私の周囲にいる経営者、お金持ちたちは圧倒的に持ち家が多いです。地方住まいも多いので、東京都内に単身用の賃貸マンションを借りている人はいます。しかし、やはり**一度は自分の理想の城を築くということでしょう**。

家を建てるときに彼らが一番気にしているのは『旧住所』です。地図上の現住所や登記情報では分からないのですが、お役所に問い合わせてみるとすぐに分かります。

長福寿寺がある千葉県の長南町も、少し前までは『長南町三途台《さんずだい》』という名称の『字《あざ》』*13がありました。この字から辿って調べていくと、昔はその土地がどんな地形で、どんな出来事があり、何が建てられていたのかが分かる。東京都内も昔は字で括られていて、それが今の地名に変わっているだけです。とある経営者が都内に家を建てよ

＊13 町や村をさらに小さく分けた区域。大字と小字がある

うとしたら、

「調べてみたら、処刑場が多くあった場所だったからやめたんだよ」

そんな話を聞いたことがあります。経営者はやっぱり過去からの因縁をすごく気にしますからね。

ほかには、地名に『谷』とつくと嫌悪感を示すことも。今、渋谷や四谷は人気のある繁華街ですが、もともとは谷でした。そうなると地形上、どうしても湿気が多いんです。遊びに行く場所ならばさておき、自宅となると、そこは安らぐためのスペース。ジメジメとした空気の中では、疲れがとりづらいと考えるんです。

一歩外に出たら彼らは企業戦士ですから、精神的な休息を求めるということですね。それ以外には、良い方角や町名に『神』がついた住所を探すという人もよく耳にします。

今まで、引っ越しの際に旧住所までを視野に入れている人は、そんなに多くなかったはず。でも、例えばそれが事故物件だったら、よほど住みたい理由がない限り、引っ越しは避けますよね。それと同じ感覚で、旧住所もぜひ参考にしてください。

陽当たり良好、換気は抜群が基本

家は、その人がいかに〝実〟のある仕事を重ねてきたのか？　という証でもあります。ですから、お金持ちは皆、邸宅と呼ぶにふさわしい家に住んでいます。そんな家選びの際に大事にしているのが**『自分の心を清めて安らげる場所』であること**。日中はにぎやかな場所で大勢の人、膨大な情報量にまみれて仕事をしているわけですから、自宅では静かにすごしたいと思うのでしょう。

経営者の家に共通しているのが、陽当たりの良さです。南向きの家に住むと金運が上がると言われていますから、もちろん南向き。太陽光をガンガン浴びられるような、テラスを作っている人が多いです。人を招くことも多いですから、陽当たり良好のバーベキュースペースを作っていることも。

太陽光は年商を上げていくためには必要な武器です。耳にした人も多いと思いますが、**仕事がうまく回せる人ほど、朝、活動しています。**

会社員時代も先輩から、

「夜考えた企画はロクなものではないから、早起きをして朝考え直せ」

そんなアドバイスをされていました。

私たち経営者同士で連絡を取るときも、基本は午前中ですね。それだけ太陽光の力に信用性があるのだと思います。

ここで私の1日を紹介すると、毎朝3時に起床をして、まずは境内にあるトイレの掃除をします。4時から5時半まではメールを返信したり、企画を考えたり、読書をしています。

そして5時半からはお勤《つと》めをして、6時には朝食です。7時には境内にある寺務所で仕事をはじめて、8時からスタッフと一緒に境内の掃除に取り掛かります。

一方、午後は16時45分には寺を閉めます。寺は24時間誰でも入れるところ、と思われがちですが、管理も大変ですし、お賽銭泥棒もいますから、私の代から閉める時間を決めました。18時頃に夕食を取って、21時頃には休みます。ちなみに僧侶という仕事柄、基本的に休みはありません。

そんな1日のサイクルの中で、特に午前中の4時から5時半までが、私にとっての大事な時間です。勉強したいことが日々蓄積されていくなか、唯一、誰にも邪魔されず何かを得ることができる時間。吸収率も高いことを実感しています。

それから換気にも気を遣っています。昨今ではウイルスの感染予防として、家庭でも高性能の空気清浄機を設置することが普通になりました。しかし、経営者たちが換気に敏感な理由は、それだけではありません。

代表的なところでは、やはり**家の中の換気が悪いと、悪い気も停滞してしまう**という風水的な意味合いがあります。だからこそ、空気清浄機だけでなく、しっかりと窓を開け放ち、新鮮な外の空気を家に取り入れています。

もちろん、お金持ちのお宅ともなれば、どこも広大な敷地なので、窓を開けっ広げにしても隣家に声が届くことはないという安心感もあるでしょう。いきなりそのスタートラインに立つことは難しくても、今より明るく、風通しがいい家にすると心がける。これならすぐにでも取り組めるのではないでしょうか。

寝室にはメモ帳を常備している

睡眠の直前はリラックスタイム。精神的に解放されると、アイデアが浮かぶことが多いらしく、知り合いの経営者は皆、寝室に必ずメモ帳を置いているそうです。彼らは本当によく文字を書きます。書いて、覚えて、動く。これが1セットです。

私はといえば、寝室のほかにトイレ（ある意味、最大のリラックススペースです）にもメモ帳を置いています。本当はお風呂に入っているときに一番アイデアが出やすいらしいのですが、風呂場でメモは書けないので、ここはあきらめました。もちろん、常に法衣の袖にメモ帳を入れて、ちょっとした情報も逃しません。スマホのメモ帳機能もありますが、やはり一度は書かないと落ち着かない。こればかりは昭和生まれの性といったところでしょうか。

会社員だった頃も、メモを取らない日はありませんでした。全国の経営者を集めた交流会でも、若造に百戦錬磨の大企業の社長が振り向いてくれるはずがない。ならば自分が得意としている、『明・元・素』[12]でいこうと、メモ帳を片手にひたすらニコニコしながら、経営陣の話を聞いて回りました。立食式のパーティーでしたが、食べたら負け。とにかく1枚でも多く名刺を配って、新しい人の話を聞く。若造でしたけれど、ペンとメモ帳を持ってカリカリやっていると、経営陣がかわいがってくれたことを思い出します。

今は名刺交換さえもデジタル化していると聞きます。交流が簡素化されていくのは、進化でもありますから咎《とが》められるものではありません。ただ**頭の中で考えたアイデアが種銭へと変わっていく**ことは変わりません。それを漏らさないように、騙されたと思って、枕元にメモ帳を置いてみてください。スマホのメモ帳ではありません。筆記で自分の脳内に記録をしてください。

自宅に余分な物がない

お金持ち、経営者たちの自宅に共通した特徴といえば、**とにかく片付けができていて、整理整頓がされている**ことです。掃除ができているとか、ホコリがあるかないかではなくて、余分な物が置かれていないのです。当然、部屋の隅に雑誌やダンボールがまとめられていることもない。かといって、ミニマリスト＊14というわけではありません。

自宅の中が整然としている理由の1つに、**お金持ちと言われる人は衝動買いをしない**という特徴が挙げられます。どんな小さな物でも、「（これを購入したら、どんなメリットが自分にあるのか？）」を考える。だから余分な物も増えません。統計学上の一説ですが、無駄使いや衝動買いの多い人ほど、家の中は汚いそうです。

＊14 必要最低限の物しか持たない人。最小限の物だけで暮らす人

もちろん、人様のお宅をじろじろ観察するのは失礼ですが、**その家が整理整頓されているかは、玄関を見れば一目瞭然**。玄関がすっきりとしているなら、部屋の中もきれいなはず。私は職業柄、どうも敏感なのか玄関に入っただけで、

「(この家は気が整っているな)」

ということが分かります。気が整う、とはお金が貯まりやすい家かどうか、ということにつながります。失礼かもしれませんが、金運がないという人のお宅はどこか雑然としています。それが当たり前になっているので、余分な物に気付いていないのです。

よくニュースで、ゴミ屋敷について報道されています。あの様子を見て、嫌悪感を抱いてください。何も思わない人は、自宅にお客を招くところを想像してみると良いでしょう。もしくは一度自宅を見てもらって素直な感想を聞く。そのうえで、くどいようですが余分な物を処分しましょう。

ちなみにゴミを溜める原因になってしまうゴミ箱は、必要最低限の数にとどめておくのがベストです。**経営者たちの家には、ゴミ箱がほとんど見当たりません。**

長福寺では、1年に1回でも良いので、意外と汚くなりやすいシューズボックスの中身の断捨離を勧めています。それから何か新しい物を1つ買ったら、古い物を何か、1つ捨てる。これを繰り返すと、家から余分な物がなくなっていきます。

ただ人間ですから、仕入れるのはたやすいけれど、捨てるのは難しいのは私もよく知っています。そこで参拝者には、

「捨てるかどうか、1秒で判断をすること」

ともアドバイスしています。2秒以上迷ったら、一度は捨てようと決めても、結局また戻してしまうことになります。即決できない物は、どうしても意志がぐらついてしまうんですね。それでも、この〝いる・いらない〟判断を繰り返すうちに、自然と部屋を散らかしていた原因がなくなるはずです。

家の中の汚れは心の汚れだと思ってください。きれいにしておくことが、金運向上への第一条件です。

トイレ掃除を欠かさない

長福寿寺へ参拝に来たことのある人はご存じかもしれませんが、境内には休憩や絵馬を書くために使用してもらうログハウスがあります。もちろん、誰でも出入りは自由です。そのログハウスと並んで、トイレがあります。このトイレは毎朝、私が掃除を行っております。3時から4時まで、住職となってから続けていることです。

「早朝に外で掃除をするのは、特に冬場は寒くてつらいんじゃないか？」

そう聞かれますが、寒さは4時すぎから始まりますので、この1時間は凍えることはありません。

10代に修行した比叡山ではこう教えられました。

「トイレの汚れはおまえの心の汚れだと思うべし」

そしてどんなに寒い日も、素手で掃除をしていました。**トイレ掃除は、自分の心の**

汚れを清らかにすることが目的なのです。汚い水の溜まったコップ（＝心）に、清らかな水（＝吉ゾウくんのご利益）をいくら注いでもきれいにはなりません。まずは汚い水を捨て、心の汚れを落とす。それがトイレ掃除です。

この意識は経営者たちも同じように持っています。『㈱イエローハット』創業者の鍵《かぎ》山秀三郎《やまひでざぶろう》さんは経営者仲間と集まって、新宿駅の公衆トイレを素手で掃除されています。経営者の間では有名な話ですが、この掃除道も、実は仏教からきているものです。私も1999年に一度、その掃除会に参加しましたけれど、日本一の繁華街と言われた当時の新宿のトイレは汚れがすさまじかったです……。

経営者となって利益が生まれると、どうしても欲望に突っ走ってしまいがち。そして足をすくわれることになってしまう。その欲望におぼれないために、彼らはトイレ掃除で自分の精神をコントロールしているのです。

だからといって単身生活をしている人が、お金持ちを目指して毎朝、念入りにトイレ掃除をする必要もないと思います。私も東京都内で1人住まいをしていた頃は、今ほど掃除をしていませんでしたから。

なので、**毎日1分だけササッとトイレを拭く。これだけで構いません。**汚れは溜まれば溜まるほど、掃除をする気が失せてしまいます。そうなる前に雑巾でも、トイレ掃除専用のペーパーでもいいので、便器の周りを軽く拭き取る。そして、週に1回はきちんとブラシを使って中まで清掃。月に一度はタンク、ネジ、温水洗浄便座の噴出口をお手入れする、といった手順です。

これが習慣になると、不思議なものですが金運への意識も高まっていきます。

掃除を終えたら便器に蓋をして、汚れた気を部屋に漏らさない。そして、室内用とトイレ用のスリッパは分けて使用してください。同じ物を履いてしまうと、トイレに流したはずの汚れを、一緒に部屋へ持ち込んでしまうことになります。

外出先でも、トイレは次に使う人のことを考えて、きれいに使う。汚れているならトイレットペーパーで掃除をする。

年に2度、パレスホテル東京で開かれる、全国の経営者が集まる勉強会に今でも参加しています。このときにトイレへ行くと、便器はもちろん、洗面台もきれいなんですよ。皆、使い終わると、拭いてから出ていくのが習慣になっているのでしょうね。

それだけ経営者がトイレを大事にしていることを毎年、この場で実感しています。

トイレの清潔感は年商・年収の表れなのかもしれません。


かつて長福寿寺を継ぐにあたり、勉強のためにと、トイレ掃除にこだわる全国の神社仏閣を巡りました。

中でも、同じ千葉県にある『櫻《さくら》木《ぎ》神社[13]』さんへは今から10年ほど前、まだ長福寿寺に吉ゾウくんの像を再建する以前に伺い、宮司さんからいろいろなお話を聞かせてもらいました。

「この神社も40~50年前は氏子が30軒しかいなかった。祖父も父もほかに仕事を持ってやっていたから、なんとか生活ができていたようなものです」

当時はそうおっしゃっていたのが、今では御朱印をもらうために7時間も並ぶ人もいるほど人気の神社になりました。そこでもトイレ掃除の重要性を教わりましたし、実際、櫻木神社さんのトイレはものすごくきれいでした。ピカピカという言葉では足りないほど……。あとは茨城県稲敷市にある『大杉《おおすぎ》神社[14]』さん。ここもトイレの整備に多額の投資をしています。もし近くを通ったら、トイレももちろんですが、ものすごいパワーが流れているのでぜひ訪ねてみてください。

長福寿寺にいらした際は、
「(ここが毎朝、今井住職の掃除しているトイレか)」
掃除の状態をぜひ確認してみてください。紹介した神社さんにはデザインの面では敵《かな》いませんが、掃除の具合だけは負けないように、日々3時から手をかけて磨いています。

できればきれいに使っていただくことを希望します。その様子を神様は見ていますからね。ふふふ。

マイカーは圧倒的に白色

思い返してみると、経営者たちの車はほとんどが白です。万人から好かれるし、汚れも目立ちません。他人を乗せることが前提になっているので、あまり華美な色だと恥ずかしい、というのもあるかもしれません。同乗させていただくことは何度もありますが、とにかく車内も自宅と同様にきれい。しかも良い香りもします。

車種はマイカーだとベンツやジャガーなど、外国製が多め。逆に社用車となると、おつき合いのある自動車メーカーのものなど、国産が多いです。

彼らにとって、**車の中は勉強部屋**。特に田舎に住んでいると、移動時間が長いので車内には勉強道具になるＣＤや本が置いてあります。すき間時間を有効活用するためです。私も大学院や研究所で学んでいた頃は高速に乗りながら、お経のＣＤをかけて練習をしていたものです。

車も自宅と同じく室内が片付いているのなら、車種はなんでも構わないと思っています。乗りたいものに乗ればいい。私たちの時代は免許を取ったらいい車に乗ることが、1つの男のステイタスになっていましたけど、今は違います。若者が車を持つことも少なくなりましたから。少し寂しい気もしますが、これも時代の変遷というものでしょうね。

ただし、お金持ちが白い車を乗り回しているだけだと思ったら大間違い。**実によく歩いています**。取引先へ行くときに自分でカバンを持って徒歩でテクテクと向かったら、それは威厳がなくなりますから、普段は車移動が基本です。でも、時間があれば足を使う。そこで考えをまとめることもあるでしょうし、健康のためにも有酸素運動は効果がありますからね。

地方に住んでいるといつの間にか車に頼る生活に慣れてしまって、歩く行為そのものを忘れがちになります。大人だけではなくて、子どもも歩かない体質になってしまっている。実は**歩くことこそ、すぐにできるお金持ち習慣**。歩かないのはもったいない。

長福寿寺が金運寺として有名になってから、境内の駐車場にフェラーリなどの外国車がよく停車されるようになりました。

「フェラーリの2台目を買いました！」

うれしそうに報告してくれる参拝者もいらっしゃいます。高まった金運で車を買ったと聞くと、個人的には「おっ」と感じることも。実は私も妻に承諾をしてもらって、初めての外国車購入を検討中の車好き。車の話を始めたら、長くなりますよ？

『○○荘』から始まった、成功物語

この本を通してお金持ちのさまざまな習慣を読むと、勘違いしてしまう人がいるかもしれません。

「よし、俺も明日から年収を上げるために、今よりもちょっといい部屋に住んで自分を鼓舞するか！」

そう考えたら失敗の始まりですので、私から注意を申し上げます。

家賃に関してはその人が経営者であるか、それとも会社員であるかで全く違います。自営業であれば家賃も経費としてカウントされますから、少し背伸びをした部屋でもいいのです。でも手取り20万円の会社員が、家賃10万円の部屋に住んでいたら本末転倒、年収が上がるどころか、現状の暮らしが窮屈になってしまいます。

ですから私はいつも、**家賃は収入の3分の1を目安にしなさい**とアドバイスをしています。

年収アップを目指すのに重要なのは、賃貸マンションのグレードではないのです。**投資をするなら目指す事業、そして自分へ向けてください**。風呂なし、トイレ共同の(今時こんなアパートも少ないですが)1Kでは、気持ちが萎えてしまうかもしれません。でも、そんな環境で暮らさなければいけない時間は、金運に対する意識を変えて行動を続けているのなら、長くは続かないものです。

今、年商数千億円を上げている大企業の創業者たちは〝○○荘〟と呼ばれるような木造アパートからスタートして、頑張っていた時代があります。その時期は会社に寝泊まりをしているような毎日ですから、自宅に戻るのは週に1回程度。洗濯をするために帰るようなもので、またすぐに仕事に戻る。そういう時期を越えて、成功者と呼ばれるようになるのです。

苦労を避ける風潮もありますが、それでは自分も育ちません。いつまで経っても日々の生活に追われ、お金に振り回される人生になってしまいます。よく、一度成功をしてから落ちて、貧乏になってまた這い上がってくると今度は大成功をすると言います。それはやはり苦労を知っているから、当時に戻りたくないという気持ちが強く背中を押してくれるのでしょう。

親御さんがお金持ちの家庭に生まれて、事業に失敗をして、貧乏になってしまったというケースでも、

「(あのときの裕福な生活に戻るんだ！)」

という強い意識が生まれていくのを何度も見ていますから、やはり多少でも苦労があった方がいい。そのうち苦労を苦労だと思わないほど、目の前の仕事が忙しくなりますので、ご心配はなさらずに。

そういう意味でも、今のご自身にとって分不相応な高級マンション住まいは、一度見直した方が賢明です。

その代わり……と言ってはなんですが、マンションや車など高額なものではなく、**タオルやシーツなどのリネンアイテムや、シャンプーやボディーソープなどを高級なものに替えるのはいかがでしょうか？**　もし今、1つ100円の石けんを使っている

のなら、もっと高品質な2000円のものを使う。そういった高級品を選ぶと、バスタイムが癒しになると思うんです。100円の石けんでは実現しない、ふんわりとした泡立ちに触れたり、香りを嗅ぐたびに頑張ろうという気持ちになれる。

私は1人暮らしをしていた頃、タオルを洗うのが面倒でしたし、乾燥機を買うお金もありませんでした。だから2~3回同じものを使うんですけど、カビ臭いことも多々あるわけですね。こんなときも、少しいいタオルを何枚も用意して、毎日取り換えておくことで、日々の心の安らぎが大きく変わります。複数買いするなら100均でそろえようと思う方もいるかもしれませんが、デパートの1枚2000円くらいのタオルと比較したら、肌触りが格段に違います。

石けんにしてもタオルにしても、単なる消耗品ではなく、自分を癒し、鼓舞する大切な〝お守り〟です。

いつか自分の城を手に入れるその日まで、小さな贅沢を積み重ねて疲れをとっていきましょう。いずれ、それらのことが当たり前だと思えるような、本物のお金持ちになるのです。

自宅はこだわりのインテリアを少しだけ

成功者たちの周囲は、自宅、オフィス、車内、バッグ、財布の中など、どこを見てもまったく無駄なものがありません。彼らの日常が示すように、整然とした生活環境が明らかに金運を生んでいます。

でも、彼らは自宅の中に、ほんの少しだけ自分がこだわったものを置いています。端から見れば、趣味や遊びに見えるインテリアに癒しを求めているのでしょう。

よく目にするのが好きな絵画です。経営者たちは1年を通して、よく絵画鑑賞に出かけています。私も会社員時代にボスだった牟田學さんから、口を酸っぱくして、

「とにかく絵を見て、感性を磨け！」

そう言われていました。おかげで今でも、美術館巡りは趣味になっています。中でも、東京都の上野公園にある国立西洋美術館は大好きなスポットです。芸術的な感性

が鈍っていると、日々刻々と変わるトレンドへの対応も遅れてしまい、臨機応変な変化もしづらい。ただ金勘定だけできれば経営が成り立つのではなくて、多方面からの視点が必要になるのが、経営者なのです。

絵画はいろいろなイメージを湧かせてくれます。商品デザインのヒントや、数百年前に画家が1枚の絵に込めたパワー……イメージは尽きません。芸術鑑賞の重要性をお金持ちはよく知っています。見ていると当然欲しくなりますが、数十億の資産を持つ彼らでも、とても手が出せる金額ではない。ですから**レプリカを購入して、自宅に飾っています**。絵画だけではなくて、茶碗などの古美術が好きな人もいらっしゃいます。しばらく美術館へ行ったことがないなら、今週末、興味がある展示へ足を運んでみてはいかがでしょうか。

それから、必ずと言っていいほど、**自宅には観葉植物があります**。サイズはさまざまですが、経営者たちのインテリアの共通事項です。自宅は心を安らげる場所ですから、緑を見て和んで、いい空気を吸う。植物には空気清浄効果がありますからね。

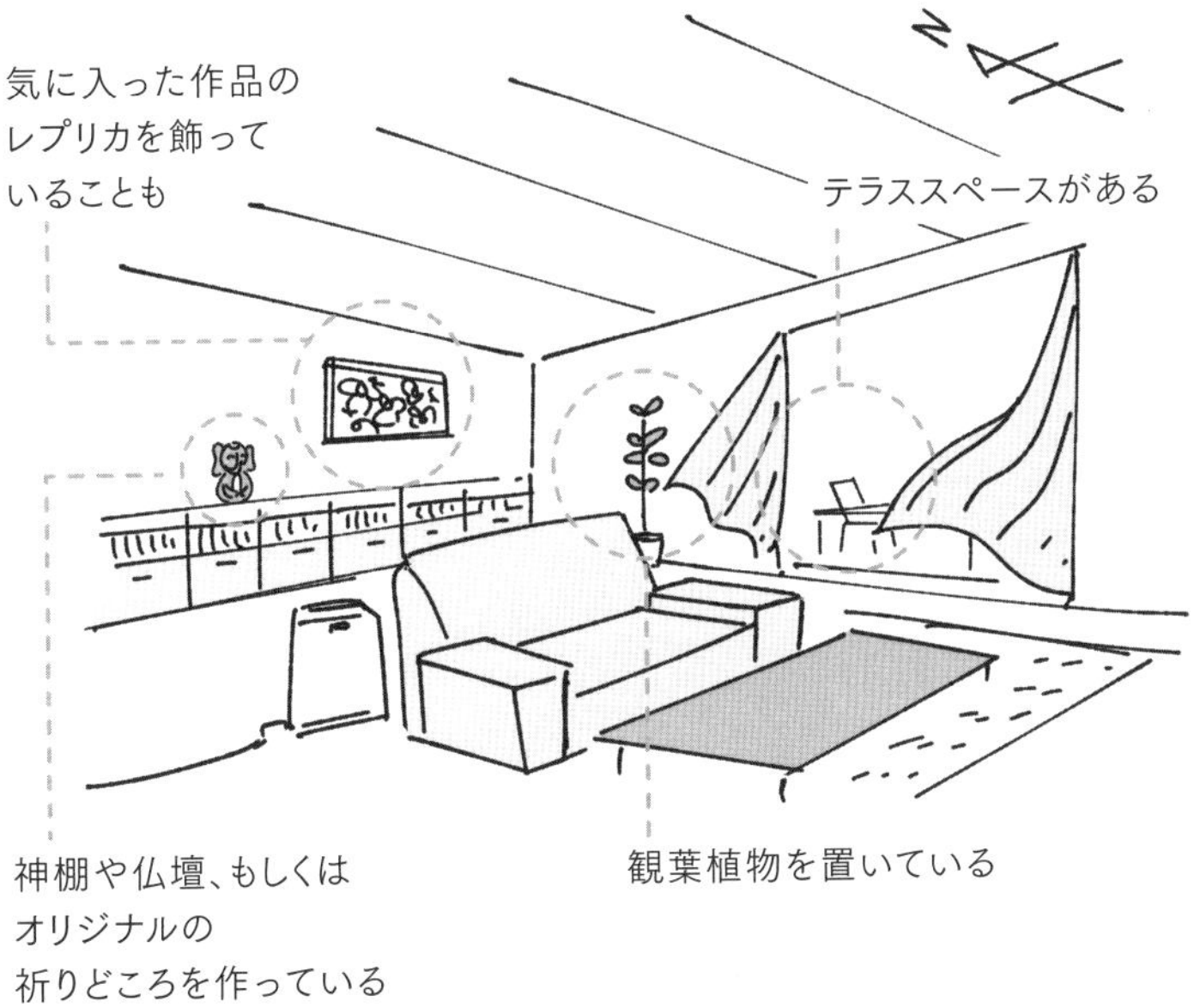
気に入った作品の
レプリカを飾って
いることも
テラススペースがある
神棚や仏壇、もしくは
オリジナルの
祈りどころを作っている
観葉植物を置いている

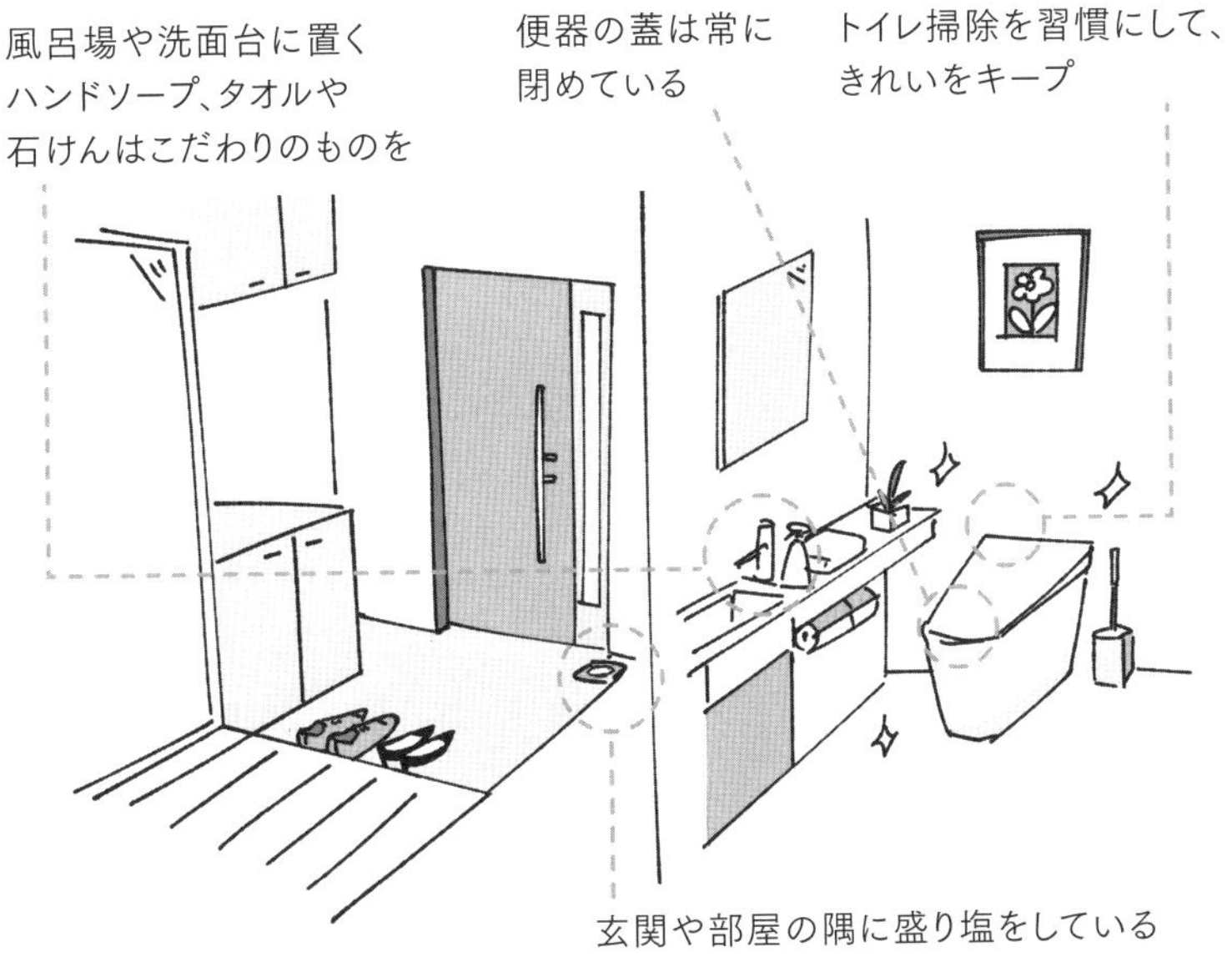
風呂場や洗面台に置く
ハンドソープ、タオルや
石けんはこだわりのものを
便器の蓋は常に
閉めている
トイレ掃除を習慣にして、
きれいをキープ
玄関や部屋の隅に盛り塩をしている

「観葉植物なんて置く場所がないから無理です」

そう言うならまずは、**小さなサボテンでもいいです**。水やりも少ないから手間もからない。もしくは物を片付けて、部屋の中に植木鉢が置けるスペースを確保することから始めましょう。

たまに、どんな観葉植物を置いてもすぐに枯らしてしまうという人がいます。これは家の中の気が悪い証拠。自分の行動を変えていくことで、良い気が家の中に回り出しますから、植物も自然と育つようになります。

長福寿寺にも緑はあります。敷地をすべて取り囲むほどの広大な山、植物に囲まれておりますので、マイナスイオンは1年中たっぷりです(笑)。でも、放置しておくと枯れるだけですので、境内の緑は専門のスタッフに毎日手入れをお願いしています。同じ千葉県にあるテーマパークや、皇居も専任の庭師が徹底的に手入れを続けて、すばらしい景観が広がっています。とても敵うものではないですが、せめてマインドだけは負けぬよう、境内の植木には愛情を注いでおります。参拝以外にも四季折々の植物に出会えると言って、観光スポットとして足を運んでくれる方もいらっしゃいます。

ほかにも、お金持ちのお宅にはこだわりの置物がありますが、これは本当に個性と言いますか、好みと言いますか。シーサー、お地蔵さん、人形など、これといった共通事項はありません（笑）。これはもう趣味の世界ですから、来客をもてなすためでもなんでもなく、自分自身への癒しです。私はこの感覚を非常に推しています。

と申しますのも、ありがたいことに、長福寺はたくさんのテレビ番組から取材を受けるようになりました。ロケには今をときめくアイドルやアーティストさんがいらっしゃいます。放送後、彼らのファンが長福寺へ聖地巡礼*15に来てくださることも。

「彼らが引いたおみくじはどれでしょうか？　一緒のものを引いて家に飾ります」

そう言って、楽しんでいらっしゃるようです。これもファンにとっては日常の中にある癒しであり、活力であるはず。**他人にどう思われようと自己満足のできるものを飾りましょう**。ただ整理整頓、スッキリが大前提です。

同じ意味になると思いますが、長福寺も参拝客の癒しになっているのかもしれま

＊15　好きな漫画やアニメ、有名人などに所縁のある土地を、ファンが実際に訪れること

せん。遠方で参拝に来られない人は、毎月、授与品をＥＣサイトで購入しているようです。それも買い方がさまざまで一気に数十万円分をまとめ買いする方、それから毎日一点ずつ買われる方も。いずれにしても買っていただいた方の自宅が吉ゾウくんであふれていて、なおかつ、きれいであることを願います。

資産が増えるとインテリアが豪華になることもあります。経営者仲間の1人、長崎県在住の阿比留さん（Ｐ147で紹介）のお宅には、薪ストーブがあります。彼は冬になると、そこに薪をくべるのがストレス発散になるのだそうです。

経営者の大先輩である岐阜県の藤吉さん（Ｐ73で紹介）は、自宅に滝が流れているんですよ。これを眺めるのが落ち着くのだとか。お2人とも形は違いますけど、それぞれに自宅を安らげるスペースにカスタマイズしているということです。いきなりこのステージにはジャンプしづらいですが、好きな絵画のポスターを貼る、観葉植物を置く程度ならすぐに実行できるはず。

オリジナルの心地よい自宅で、疲れた心を休憩させてあげてください。

手を合わせるスペースがある

経営者のお宅には、それがとてもセンスのいい、今どきのデザインのお宅であっても、必ず神棚か仏壇が置いてあります。とはいえ、それを普通の家に置くのはなかなか大変です。そこで、拙著『日本一宝くじが当たる寺 金運を爆上げする12の習慣』（幻冬舎）にも書きましたが、**家のどこかに『祈りどころ』を作ればいいのです。**神棚や仏壇になるとそれなりのしきたりや、作法もあります。でも祈りどころはオリジナルで構いません。飾るものは吉ゾウくんの置物など、自分が手を合わせたくなるもので結構です。お祈りは1日何回でもいいですし、神棚にあるような水や榊も自分が欲しいと思うなら飾ってください。生花でもOKです。

金運は、本来誰でも上げていけるものです。そのベースには祈りと行動が存在します。**強い気持ちを誓い、確認する場所として、祈りどころを活用しましょう。**

盛り塩をしている

盛り塩と言われると、円錐型のものを思い浮かべるかもしれませんが、実は形にこだわる必要はありません。経営者たちの自宅や社屋にも置かれていますが、小皿に塩を置いてあるだけの場合もあり、形式的な縛りはないのです。

どう盛るか？　よりも、**塩をそばに置いて、仕事などで自分についてしまった汚れを落とす〝禊《みそぎ》〟[*16]にすることに重きを置いてください**。また、もともと、禊に用いられる水と塩は海水を表したもの。そのため、精製塩よりも天然塩の方が、盛り塩に向いています。

もし、盛り塩を置くことができないのなら、お風呂に入れてもいいでしょう。こちらも、禊という意味は同じです。

余談になりますが、最近、私はバスタブに日本酒を入れています。今、自宅では飲

＊16 罪やけがれをはらうために、川などの水を浴びて身を清めること

酒を断っているので、奉納されたお酒を飲むことができません。もったいないと思っていたところ、

「お風呂に入れたらどうでしょうか？　禊になりますよ」

スタッフからアドバイスを受けて日本酒を入れるようになりました。入浴中、良い香りについ誘われそうになることもありますが、飲まずに1日頑張った自分を労っています。

本人も家も車も悪臭はしない

性別に関わらず、お金持ちからはいい香りがしています。

自宅はディフューザーやアロマオイル、お香などで快適に。車の中もキツくない程度に、爽やかな香りがしています。ご本人も加齢臭を気にしているのか、ケアを怠っていないようです。電車の中で、

「(……これ、昨日の飲み屋のにおいがついたままのジャケット……?)」

と思わせる悪臭を発している人がいますが、そういう人の近くに寄りたくありませんよね。

お金持ちや経営者というのは、人と会うことが多い立場ですから、**相手を悪臭で不快にさせないことは最低限のエチケット**。笑顔、姿勢、香り。いろいろな面で気遣いをして、

「また会いたい」

そう相手に思わせるのが、金運をたっぷり持った〝いい男〟〝いい女〟なのです。

第4章

心

お金持ちは心持ちで決まります。
普段の心がけやほんのささいな行動ではありますが、
経営者たちがクセにしていることをまとめました。
お金もそんなにかからず、
すぐにできることばかりを並べております。
お金を稼ぐことに対する基本の“き”がずらり

仕事用ノートの表紙には〝宝の山〟と記入

長福寿寺には15人のスタッフが働いています。皆、それぞれに役割が違いますが、年間、月間、週間と各スパンで自分が何をするのかという目標を書いて、私のところまで提出するのを約束にしています。**この〝書く〟という行為が非常に重要。**パソコンで書類を作成して、私まで送信するのは禁止です。

書いた目標、スケジュールを見ながら、重要な仕事と急ぎの仕事をカテゴライズして、仕事の指示をします。そうしないと人はつい急ぎの仕事ばかりを優先してしまう。1年後に成果が期待できる仕事の仕込みを、つい忘れてしまいます。それでは仕事の効率も悪いので、あくまでもリスクヘッジとして指示をしているわけです。その先は自分で考えてもらうようにしています。

ただし、目標を達成できたかどうかという、報告をすることは求めていません。反省や結果を書くぐらいなら、その時間で次の目標を考えてほしいからです。たとえ報告がなかったとしても、私は経営者として常にスタッフたちのことは見ていますし、数字が報告をしてくれるので常に状況は把握しています。

仏教でも必ず、誓願《せいがん》を立てて紙に〝書く〟という教えが、遠い昔の時代からありました。我々の信仰する天台宗《てんだいしゅう》で言いますと、伝教大師《でんぎょうだいし》最澄《さいちょう》*17さまは自分の目標を紙に綴り、それを達成するまでは決して山を下りることはないと誓った……といういわれもあるほどです。これを『願文《がんもん》』といいます。

ほとんどの神社仏閣には絵馬が用意されています。これも書くことを大事にしているから。自分の思い描いていることを文字＝形にすることによって、その目標達成率も大いに変わってくるというデータもあるくらいです。

長福寿寺の絵馬もいくつかのパターンがありますが、2枚セットにしたタイプが人気。これは同じ目標や願望を2枚に書いて、1枚は境内に奉納します。もう1枚は持ち帰って、自分の目に付くところに置いておく。これによって自分自身のパワーを最

＊17　平安時代初期の仏僧。唐に渡って仏教を修め、比叡山に延暦寺を開いた。天台宗の開祖

大限に引き出すことができるのです。この絵馬の最大のポイントは、金色のシールを貼って、他人から見えないようにすること。普通の絵馬は参拝客から丸見えですから『世界人類が平和でありますように』という、きれいごとをつい書いてしまう。でも長福寿寺の絵馬は本気で欲望を見つめて、ステップアップしてもらうために本音にシールを貼って、目隠しをするのです。

いいんですよ？『ベンツに乗りたい』『収入を絶対に3000万円にする』とか、**欲望丸出し、大いに結構です**。

欲を無くすことが仏教の教えだと思っている人も多いでしょう？でもこれは不正解です。今の仏教界は江戸幕府によって、

「欲を持つことは罪である」

と、間違った教えを植え付けられました。それが今も残っていて、仏教は我慢ありきだと誤解している人が多い。でも**仏教には本来『大欲《たいよく》』という言葉があります**。これは自分だけではなく、周囲とともに幸せになるための欲を意味しています。

この言葉通り、大きい欲でその幸せを分けることができる人になってください。むしろ、**自分の欲望に蓋をしてしまうと、上に上がることができません。**その絵馬をスタートにして、少しずつ自分の魂レベル[15]を上げていけばいいのです。当寺だけではなく、ほかの神社仏閣にお参りするときもぜひ絵馬を書いてください。目隠しシールになるものはどこにでも売っていますから、持参すればいいのです。

縁切りを目的にした神社仏閣では『奥さんと別れさせて』『彼の浮気相手を黙らせたい』など、怨念のこもった絵馬が書かれていると聞きます。これは吐き出させる作用を目的にしているのでしょう。長福寿寺に関しては、あくまでも〝誓願〟です。書いて、自分に誓う。それによって今まで知らなかったパワーを最大限に引き出すことが目的です。

それは、仏教を重んじている多くの経営者たちも同様です。とにかく皆、書くことに重きを置いている。私が籍を置いていた会社では、毎年８００人くらいの経営者たちを集めて、勉強会をしていました。こちらは今でも続いていますし、私も参加していいます。そこで講師陣の話していることをパソコン、スマホなどのガジェットを使ってメモをしている人たちは……10人くらいですね。後から何気なく参加者に聞くと分かるのですが、パソコンで記録している人ほど、講義内容を理解していません。

それ以外の参加者は紙にメモを取っています。面白いのは、彼らの講義の受け方。皆、目をつぶっているのです。

「(寝ているのかな?)」

と思って見ていると、メモを取るタイミングが回ってくると、すぐに目を開ける。そしてサラサラッと何かを書いて、また目をつぶる。ちなみに彼らは講師陣から、ただ知識を得ようとしているのではなくて、

「(これはウチの会社なら、こんなふうに活用できる)」

と、すでに応用を考えているようです。目をつぶる様子だけでは居眠りに見えますが、これが彼らなりの集中スタイルなのです。

私も常に大学ノートを愛用して、仕事や勉強のことなど、必要なことを毎日書き続けています。タイトルはいつも〝宝の山〟。気になる情報はページに貼ったり、書いたりして保存する。**お金になるアイデアがたくさん詰まっているわけですから、私にとっては宝の山です。**

サステナブル[*18]やペーパーレスが当たり前の時代に、

「紙（神）に書こう！」

と連呼するのは少々気が引けますが、ただ書くことで文具メーカーさんの利益が上がるのなら万々歳です。持ち運びがしにくい？　なら書いたものをカメラで撮影するなりして、データ化のうえ、持ち運んでも良いでしょう。

いずれにせよ、自分の手で書くこと。これを大切にしてください。

＊18 持続可能であるさま。特に、自然環境を維持しながら、産業・開発などを持続できるさま

見えない力を信じている

仏門と経営学、両方を学んだ視点から断言しましょう。これからの人生、**あなたが目に見えない力を信じているかどうかで大きく変わります**。即物的で、目の前にあることしか信じないような人格であれば、それだけの力しか発揮することができません。

たまたま出した商品がヒットするなどして大金が舞い込んできた、いわゆる〝一発屋〟さんたちを眺めていると、

「俺、すごくない？」

目の前の成功をすべてだと思ってしまっている傾向があります。彼らはそのときの儲けや貯金額の計算ばかりをしていて、見えない力に感謝をしたり、手を合わせることを完全に失念しています。これでは、ヒット作もそれ以上には大きくなれません。

なぜなら、**優良経営を長く続けている経営者の多くは、仏教、神道、占い、風水な**

どを信仰している人がほとんどだからです。信仰していない人は、余命の短い会社を経営していると言っても過言ではありません。迷ったときの指針になってくれるものとして。それから自分を律するものとして、信仰を活用しているのです。

日本一の高額納税者にもなった斎藤一人さんの著作『地球は「行動の星」だから、動かないと何も始まらないんだよ。』（サンマーク出版）にもこんな文章があります。


「私たちは、ときに「こんなことできるわけがない」と思うようなことでも、奇跡としか言い表せないくらい実現させてしまうことがあります。

（中略）私たちの命は神様の「分霊《わけみたま》＊19」なんです」

「会社には、パートさんを含めて社員はたった5人です。それに私はご存知の通り、中学校しか出ていません。

そんな私が累計納税額で日本一になれました。

これからも普通では考えられないような奇跡や、神様がいるとしか思えないことをやり続けたいんです。そして神様がいることを証明したいんです」

＊19『ぶんれい』とも。1つの神社に祀られた祭神を、ほかの神社に分けること。または、分けた霊そのもの

一人さんは各地の神社仏閣を熱心に参拝されていて、そのご縁で長福寿寺とも交流を持ってくれるようになりました。著書にはご自身が出かけられている全国の神社仏閣を紹介するコーナーもあるほどです。

もちろん、経営者たちも一人さんと同じように、仏様を敬う気持ちを持っています。それと同レベルで、神様を畏《おそ》れる気持ちも抱えています。

経営者とは言っても、所詮はヒト科の動物ですから、つい衝動に走ってしまうことがあります。もちろん私もあります。心の乱れが出てしまうのでしょう。でもそんな様子を天から仏様、神様がチェックしていると思うと、自分で自分を律することができるのです。経営者たちの信仰とは、

「神様どうかこの経営難を助けてください」

と、すがるだけのものではないのです。立場が大きく、偉くなってしまうと自分の行動を叱咤する存在は少なくなります。**莫大な資産を持つわけですから、怖いものが無くなってしまう。この怖い存在を仏様、神様に設定して、定期的に神社仏閣に参拝をして御礼や誓願をする。**これが経営者たちの見えない力との向き合い方です。

不要な人間関係を持たない

住職をしているとさまざまな相談を受けることがあります。もちろん、金運のことだけではございません。

中でも絶えることがない相談内容は、人間関係に関すること。みなさん、余分な人間関係を抱えすぎなのだとお察しします。**悩むような人間関係とは、少し距離をおいてみたり、離れてください。**

お金持ちになりたい、金運を上げたいのでしたら、自分自身が疑問を感じるような人間関係は避けましょう。経営者たちは決して、悪友を持ちません。人が地位や名声を手に入れてから寄ってくるのは、

「金なんてなくても、人生どうにかなる。誰かが助けてくれる！」

というマインドのなんだか他力本願な人たちばかり。それまでの態度をコロッと変え

てごますりをしてくる人や、疎遠だったにもかかわらず、急に友達呼ばわりをしてくる人も多いですね。**悪い縁を結ぶとどうしても引きずられてしまうので、経営者は皆、悪友は持たないと口をそろえて言います**。

ほかに、血縁関係をまるで錦《にしき》の御旗《みはた》*20のようにして寄ってくる人もいるでしょう。スポーツ選手が金メダルを獲ると、急に親戚が増える現象と同じです。こんな関係性に対しても、答えは簡単で、会わなければいい。

「この人とは縁を持ちたくない」

適当にあしらっていれば、つながりは消えていきます。逆に、血縁としてあなたに無償の愛で接してくれるのなら、その関係は地位や名声に振り回されることはありません。きっと成功した後も、相手は変わらずにいてくれるはず。

「お金持ちは強いからできるかもしれないけれど、私たち庶民はいきなり関係性を切ることはできません」

そう言いたくなる気持ちも分かりますが、今、資産家と言われている人たちもかつ

＊20 赤字の錦に金銀で日月を刺繍した官軍の旗印。自分の主張や言動を正当化し、権威づけるための名分

ては普通の人でした。世襲制で家業を継いだ2代目で、成功しているように見える人たちも、とんでもない努力を日々続けています。ですから上に上がるために余分な時間は割いていられません。必要な人間関係だけを残すのです。**住まいと同じく、人間関係にも定期的な断捨離が必要です。**

残しておきたい関係は、自分が調子の良いときも悪いときも変わらないでいてくれて、高め合える存在です。調子が良いときは友達のように見えて、悪くなった途端に離れていく人もいますから、そこで判別はできます。私にも『お元氣さま会』のほかに、3人だけ親友と呼べる人がいます。そもそも私自身、親友は3人いれば良いという考え。その代わり、何をおいてもこの3人だけは絶対に裏切らないと決めています。

1日は24時間、1年は365日、フレキシブルに働ける年齢の上限は80歳と考えたら、ダラダラと人とつながっている場合ではないのです。

睡眠は1日6時間

毎日の平均睡眠時間はどのくらいでしょうか？　もし6時間以上も寝ているようでしたら、金運アップは厳しいかも……しれません。7時間睡眠を推奨している医学関係者もいますので、あくまでも持論です。

私が今まで出会ってきたお金持ちたちは皆、ほぼ6時間睡眠と決まっています。それなりに寝具も整えて、睡眠の質を高めつつの6時間です。忙しいからと、決してソファで寝落ちをしているわけではありません。

それからただ起きれば良いというものではなく、より睡眠の充足感を高めるためにしてほしいことがあります。まず、朝早起きであることは最低条件ですが、**起きたらカーテンを開けて太陽の光を浴びること**。陽光を浴びることの重要性は医学的にも証明されています。体に目覚めのスイッチを入れるのです。そして、

「今日も絶好調！」と、口にしてください。これは私の言葉ですが、経営者は皆それぞれに起床と就寝で口に出す言葉を持っています。寝る前にも今日あった良いことを思い出しながら、

「私はついている、私は何をやってもうまくいく」

と口にして寝ています。ただ思っているだけではなく、願望を言葉にしていくことで、自分の意志も高まらせるのです。この方法は、常に笑顔でいることと一緒に参拝者にも伝えており、実行している人たちは、金運が何かしらの形で上がっているようです。

いろいろな条件を整えたうえで、彼らは6時間という睡眠時間を選んでいるのです。

現代においては少し極端な例になりそうですが、会社員時代の恩師である山形琢也《やまがたたくや》さんから、

「いずれはずっと眠ることができる。今は寸暇を惜しんで勉強に時間を割くように」

そう教えられました。ずっと眠るとは、あの世へ行くことです。

もし今、8時間近く寝ているようでしたら、6時間で起きて**今まで寝ていた2時間を読書の時間に充ててください。**その詳しい読書方法については、後ほど。

三度の飯より読書が好き

ユダヤ教の教えにこんな一文があります。
「もし生活が貧しくて物を売らなければならないとしたら、まず金、宝石、家、土地を売りなさい。最後まで売ってはいけないのは本です」

お金を儲ける能力に長けている人たちは、読書＝勉強をすることを欠かしません。駆け出しの身分から、社長にのし上がっても読書を続けています。最終的に自分の学んできたことを著作として上梓する経営者も数多くいますし、そこでベストセラーを作って、印税を得る人や、寄付に回す人も見られます。1人で儲けずに、自分の知識も平気でたくさんの人たちと共有するのが、彼らのやり方。そうすることでもっとワクワクする情報が得られることを知っているからです。

中には自宅にも本棚ではなく、図書室レベルの収納庫を持っている人もいますね。

テレビやネットで知る情報もありますが、**お金を出して本を買って読むという行動は、ながら見でキャッチする情報とは熱量が比べものにならない**ことを知っているのです。

彼らの読書方法には特徴があります。それはただ読むだけではなくて、**自分の意見をどんどん本に直接書き込んでいくのです。**

「ここは重要なことが書いてある」
「こんな話があるんだ、おもしろい！」

読んで感想を持つだけでは〝行動〟がないですから、自分ならどんなふうに行動するのかを書き込んでいく。オリジナルの1冊を作っていくのです。

これが金運を高める読書の方法です。気になるところにラインを引いているだけですと、引いていることに満足してしまって内容を忘れます。これはメモの取り方にも通じます。返事だけは完璧でも、ひたすらメモを取っている人はただ書いているだけで、内容が脳内に浸透していない。これでは、せっかくメモしたノートも『宝の山』にはなりえません。

経営コンサルタント時代、積極的に依頼を引き受けたい相手として『社長が勉強をしている会社』というものがありました。お金が入ってくると、それをすべて遊びに使ってしまう残念な社長もいらっしゃいます。この手の社長はまず、読書をしていません。銀座でどんちゃん騒ぎをすることに注力してしまっている。こうなると、こちら側の提案も聞いてくれません。彼らは高額な報酬を支払えば、私たちが会社をなんとかしてくれると思っていたはず。もしくは、経営コンサルタントに依頼しているという自慢ができる。でもそんな会社とはおつき合いすることはありませんでした。

ちょっとした会話に読書量は影響しています。語彙はないよりあった方がいいですし、知的に見せるのは最高のおしゃれであり、センスアップにつながります。

読むジャンルは何でも構いませんが、**昨日まで知らなかった世界のことを知ることができる1冊を買ってください**。興味がある分野ばかり買っていても、広がりはありません。自分の意見を書き込める1冊を吟味してください。もし電子書籍で読んでいるなら、気になるところをプリントして書いてもいいですし、サイトやアプリによっては、データ上でも『ハイライト』という機能を使うと、書き込みをすることが可能です。

最近、読書を通して文章には熱量がいかに込められているのかを知りました。

SNSではインフルエンサーたちによるステルスマーケティングという広告が行われています。通称『ステマ』です。これらも見ていると、広告か投稿かは私みたいな素人でもすぐに分かってしまう。理由は『#PR』が付いていなくても、紹介するものを本気で良いと思っているかどうか、その熱量が文章に表れているからです。広告なら、「これを書いておけば良いだろう」

というワードにあふれていますが、実際に自分で買って確かめて、何か実感を得られた文章、いわゆる普通の投稿ですね、そこには熱量が生じています。この文章には惹かれるものがあるのです。一度見比べると面白いですよ。

ぜひ本の熱量をキャッチして、情報を得て、発信してください。そして、その情報をお金に換えてください。

長所を伸ばして、短所は見ない

経営コンサルタント時代、相談のあった会社の経営が傾いている場合、私たちは依頼をお断りすることがありました。潰れていきそうな会社に力を注ぐよりも、伸びている会社をガンガン押して、育てた方が世界経済の活性化になると考えていたからです。その会社の社長が得意とすることを見極めて、その部分を伸ばす。ただいくら得意でも、この時代に石炭を掘ることは収益になりません。時流をとらえることも必須です。

収入を上げようとするなら、まずは自分の長所がどれだけあるのかを書き出してみてください。自分だけでは分からないのなら、周囲の人に質問しましょう。気付かなかった特技があるかもしれない。まずはそこを伸ばす。

私が経営コンサルタントの仕事に興味を持つきっかけとなった1人、船井幸雄さんも『長所伸展法《ちょうしょしんてんほう》』[16]を薦めていました。読んで字のごとく、長所を伸ばすことです。

新しいことをして収入を得ようとすることは、いいことです。テレワークの導入などで残業代に影響が出ている人もいるでしょうから、年収を上げたい、戻したいと思っている人もいらっしゃるはず。と、同時に副業可能の企業も増えましたから、検索をすればさまざまな情報を見つけることもできるでしょう。

やることを決めたら、注意してほしいことがあります。それは学生時代の勉強と同じで、**最初から100点満点を目指さない**ように、ということ。それから、**苦手な科目を無くすために平均点をとろうとしない**こと。これが事故のもとであり、時間のムダ使いになってしまう。

まずは得意分野をうまくPRして、活用してください。それも1年先、1カ月先でもいいですから、ゴールを決めて動く。最初から、

「会ったことはないけれど、世界中の人とつながっていけるように」

そんなことを言っても、単なる抽象論になってしまいます。まずは身近にいる人た

ちの手を借りて、意見を聞いて、自分の長所を伸ばして動く。そして**周囲の人たちを幸せにする、魂レベルを上げることを忘れないでください**。誰かを元気にしようとする力は、生半可ではありません。普段の力がみるみる倍増するようなイメージです。これが不思議なもので、自分の利益しか考えていないと、この力は生まれません。

長福寿寺に参拝するようになって、収入が上がったり、時には大きなボーナスのように宝くじで高額当選する人たちは数え切れません。毎日アップデートされていくので、私もスタッフも情報が追いつかないほどです。彼らが続けていることはとても簡単で、この長所伸展法なのです。

それから私がお経のように（?）唱えている、〝祈り〟と〝行動〟と〝独立不羈《どくりつふき》〟[17]。**多くの人がすぐに回答を求めようとするけれど、まずは自分で考えて、自分らしさを作ることです**。

これらが金運につながる近道です。例えば人と交流をして、戦略を立てるのが得意ならその力を活かせる場所を探す。ほかの細かい作業は誰かに任せればいい。逆にこ

のタイプが、
「文章を書く仕事をしようと思います！」
そう言っても、勝算はありません。できるものを膨らませましょう。

ロングヒットを続けている1冊に、㈱ファーストリテイリングの代表取締役会長兼社長である柳井《やない》正《ただし》さん著『経営者になるためのノート』（PHP研究所）があります。もちろんご本人にお目にかかったことはありませんが、経営者としてずっと尊敬している存在です。何度も繰り返し読んで、書き込んでいる本の一節がこちらです。

「人は長所を伸ばしていってあげると、その長所を活かして成果をあげたいと思うようになります」

長福寿寺で授与しているお守りにも、長所を書いて伸ばそうとメッセージを添えています。

お金の話を隠さない

友人の前で、自分の年収額を話したことがありますか？　もしくはご両親がどのくらいの資産を持っているかなど、家族が集まって具体的な金額の話をしたことがありますか？　日本人はどうしても具体的なお金の話を避ける風潮があります。もっと言えば、〝お金＝悪〟だと思っている人もいるはず。でもこれは間違いです。お金は生きていく上で何よりも大事です。私が見てきた限りでは、

「お金が大好きです！」

そう公言する人の方が金運を手にしています。参拝客には、

「もっと積極的に、ストレートにお金さまへ告白を続けていかないと、（お金と）両想いになれないよ！」

お金のことを愛する気持ちを猛プッシュしています。

長福寿寺ほど大々的に金運アップを宣伝している寺は、全国にはありません。あんまり寺がお金のことばかりを言うと、ボッコボコに叩かれてしまうのがオチですから、控えめにというのが風潮です。実際、当時も叩かれまくっています。

それでも私が平然としていられるのは、経営コンサルタントの仕事を通して、財源を作ることの重要性を知っているからです。まずは儲けてから、何かをする。これが金運を上げるスタート地点です。

私が10年前に父親から代替わりをするまで、長福寿寺はお檀家さんたちからのお布施で、経営が成り立っていました。普通の寺と同じです。でも、お布施が収入源では、ちょっと本堂の修繕をしようと思っても、そのたびに、お檀家さんたちの許可をもらわなくてはいけません。これでは余分な時間もかかってしまうし、この方法が未来永劫続いていくとは思い難かった。実際、日本国内の檀家制度が衰退していることは事実ですし、誰かに財源を求めるのでは、独立とは呼べません。

55代も続いてきた長福寿寺を私の代で潰してしまうわけにはいかないと、まずは公式ホームページで人形供養[18]をPRし始めました。38歳のときです。初年は500万円くらいだった収益が、今では5000万円に増えています。その後、吉ゾウくんの再建に乗り出しました。それまでも像は本堂にあったのですが、木製のために傷みがあった。そこで参拝者たちからの協力を得て、石像が誕生したのです。

目指したのは仏教のテーマパークです。吉ゾウくんと結愛ちゃんを長福寿寺のシンボルに、寺の仰々しい雰囲気をなくして、誰もが遊びに来やすい施設作りをしています。境内にはBGMを流して、お守りを販売する施設や休憩所、遊具も作りました。

コンサル時代に、バブル崩壊による借金で命を落とす人たちをこの目で見ました。彼らのような犠牲者を増やすまいと、金運を大きく打ち出すことに決めました。それもただの金運寺ではありません。住職が経済のことを長年勉強した結果と、仏教を結びつけた、強固な理論を持つ寺です。

決意を固めてから、コツコツとアイデアと努力を重ねていくと、長福寿寺の噂は伝わり出しました。

「日本で一番宝くじの当たるお寺だ！」

「参拝すると年収がみんな嘘みたいに上がっているらしい」

そして、『お坊さんバラエティ　ぶっちゃけ寺[19]』というテレビ番組に取り上げられ、またメディアからの取材と参拝客も増大しました。

この頃からスタッフ増員も始めて、現在では15人の社員が長福寿寺に勤務しています。その大半が女性です。彼女たちも入社時の暗い雰囲気から比べると、吉ゾウくんの教えを守り、よく笑うようになって雰囲気が変わりましたね。前向きになっています。参拝者には自分たちから話しかけなさい、など普通の寺がしていないルールの多い特殊な勤務先ですが、今まで辞めた人はたったの1名だけです。

給料は定額制の世間並みですが、査定をしてボーナスを多く出すようにしていますので、実質は能力給。社員の中には20代で年収1000万円を稼いでいるスタッフもいます。査定の基準は商品の企画でもなんでもいいのですが、**チャレンジをしているかどうか**です。結果ももちろん見ていますが、大切なのは行動をしているかどうか。

私が思いつかないことをスタッフが提案してくれることで、収益が上がります。この10年間で長福寿寺の年商は5億円になりました。寺は神聖な場所ではありますが、同時にみなさんと同じ、令和を生きている組織です。魔法は使えませんから運営を続けて、さらに次の世代へつなげていくための財源は絶対的に必要なのです。

私はこんなふうにリアルなお金の話を仲間たちと交わします。彼らも話すことを全然恥じていませんし、会社員時代に同期だった現役の経営コンサルタント・五藤万晶《ごとうかずあき》さんとは、

「どちらが先に年商50億円の会社になるか」

今でも会話で競い合うこともあるほどです。今まで自分の収入や、お金に対する感覚を隠してきたかもしれませんが、まずは自分から公開してみてはいかがでしょう？

株よりもまず自己投資を選択している

会社員時代の上司であり、師匠と呼んでいる作間信司《さくましんじ》さんという方がおります。若い頃は彼のやることなすこと、すべてを真似していたものです。あんまり真似ばかりしているので、周囲から『コサックマ（小作間）』とあだ名を付けられたほどです。

事業を始めてから作間さんに、

「今、個人資産が2000万円ほどあります。もう投資に回し始めてもいいのでしょうか」

そう聞くと、

「やめとけ、会社を始めたら何が起こるか分からない。5000万円になってから始めればいい」

今は貯金感覚で投資もできるようですが、一攫千金を狙って、ハイリスク・ハイリターンで投資をするのはやめましょう。あとで悔やむときがきます。周囲の経営者たちは皆、もちろん投資をしていますが、専門家に任せていることがほとんどです。**経営者にとっては事業が最優先であって、毎日、株の値動きを気にしているようでは仕事になりません。**彼らは株式や海外などの経済事情に精通していますから、投資の怖さも知っている。ある程度の金額が手元に担保できた時点で始めています。

私も投資をしていますが、株価の値上がりを期待するのではなく、毎年きっちり配当が受けられる株式を選んでいる。元本保証はないのですが、その会社が倒産するときは日本経済が破綻するとき……と思える銘柄に絞っています。**あと、自分がまったく知識のない分野への投資はしません。**投資会社から電話勧誘もありますが、「住職、こんないい銘柄なので買いません？」

そんなにいいものなら、電話をかけてくるあなたが買えば良いのでは？　となるので、お断り。生きたお金の使い方をしたいのです。

ただ、決して投資に本腰を入れてはいません。あくまでも銀行に預けるよりは増える……という感覚だけです。そこに大きな目標はありません。

このような投資を始めたのは、まず寺の経営を軌道に乗せてからですね。知人であるプロのトレーダーの大竹慎一《おおたけしんいち》さんに、毎日どれくらいの金額を動かすのか聞いたことがあります。

「うーん、今日は数十億かなあ」

そんな人には敵いませんから、投資はあくまでも個人ができる範囲にしています。

例えばこれから毎月１万円を投資します、という参拝客が現れたら、

「それならまずは**毎月１万円で、お金の仕組みを勉強できる本を買って自己投資をしてください。あとは収入の10分の１だけでいいから、自動引き落としで貯める。**それが経済的にきついようなら、**３日に１度の５００円玉貯金**だっていい」

そうアドバイスをします。簡単な投資を始めることが〝良〟であると勘違いしているかもしれませんが、そんなことはありません。

「宝くじで100万円当たりました！」

高額当選の報告をしてくれる参拝者に使い道を聞くと、

「いや〜、時計でも買おうかなと思って」

そんな感じで浮かれている。でもそれじゃダメと、私は苦言を呈します。

「100万円のボーナスが入ったら、それが来年には200万円になる仕組みを作る。来年200万円になったら、それを元本にして、今度は500万円になる仕組みを作る。その繰り返しです」


小型投資でどれくらいの金利が入るのか分かりませんが、小銭に期待を託していると、残念ながらお金持ちにはなれません。ではどうすれば儲けることができるのか？

というと、**お金が自動的に入ってくる仕組みを作ること**。

そのためには経済に関する知識が必要です。この知識を得るための勉強を投資のスタートにして下さい。まずは自己投資として、スクールへ通うことや本を買うことを選択してほしいのです。

太陽の光を浴びて
目覚めている
今日も
絶好調！
寝室やトイレに
メモ帳を常備

読んでいる本に、自分の意見を
書き込んでいる
本棚にぎっしり
本が並んでいる
お金の仕組みがわかる本
仕事用のノートの表紙には
「宝の山」と記入

金持ちに真似ぶ

事業拡大のためには、良くも悪くも人脈が大きなカギになります。**お金持ちとつき合えば自然とお金持ちになる。**（言葉は荒いですが）**貧乏人とつき合えば貧乏人になる。**

22歳で会社員になったときにある先輩から、

「〝know-how（ノウハウ）〟も大事だけど、〝know-who（ノウフー）〟もそれ以上に忘れてはいけない。知識よりも誰を知っているか？　たくさんの人を知っていないと、成功することはできないから」

こう言われました。そこから毎日、**1人でも多くの人と会うことをポリシーにしています。**それは自分の大きな力になるからです。

私は、若い頃からお金持ちや経営者たちをよく観察しています。もちろん、今でも続けて勉強をさせてもらっています。飲みの席、旅行に出かけるときも彼らのお金の使い方、振る舞い、言葉遣いを見ていました。中には反面教師もありましたが、その真似の集合が今の私です。修行中に教わった〝守破離《しゅはり》〟*21という言葉が表すように〝守〟の部分がなく、いきなりオリジナルをやろうとしても失敗する。だから憧れの経営者を真似ることからはじめて、徐々に自分らしさを築いていこうという意味です。

真似るために会いたいと思った人に、すぐに会いに行くのが経営者たち。今でこそ、多くの方が会いに来てくださるという逆の立場ですが、若手の頃から興味がある人にはすぐに会いに行って、会話をして学んでいます。

私は今でも気になる人がいたらすぐに飛んで行きます。会いたい人の情報は毎日アップデートされていて、どんどん増えていくばかりです。P92、93でも紹介をした、千葉県の櫻木神社さんに茨城県の大杉神社さん。ほかにも愛知県は小牧市にある『間々観音《ままかんのん》』[20]さん、栃木県の『大前恵比寿神社《おおさきえびすじんじゃ》』[21]さん。どこもこれまでの形式を超えたアイデアにあふれていて、本当に勉強になりました。長福寿寺にはここで勉強したことが反映されています。

＊21　武芸などの修行における段階。教えられた型を徹底する「守」。型に自分なりの解釈を加える「破」。そして型に囚われない「離」へと続く

電話でアポイントを取りますが、断られたことはありません。お寺の坊主が神社の宮司さんに会いたいと言っても、

「神社はおまえに関係ないだろう？（笑）」

本来であれば一蹴されそうですが。私が勉強をさせてほしいことを伝えると、みなさん快く迎えてくれます。

よく思い返すと、私はほとんど寺へは勉強に行っていないのです。それは寺の財源がお檀家さんたちから発生していることに抵抗があって、そこを変えていこうという使命感があったからでしょう。神社さんにはお檀家さんはいません。自分たちの力で経営して、知恵を絞って、参拝客を増やしていくしかない。だからこそ大きな参考になりました。

最近は長福寿寺にも私に会いたいと訪ねてきてくれる、経営者たちが増えました。ありがたいことです。今日以上に真似られるような存在となるよう、精進することを吉ゾウくんにお誓い申し上げます。

コラム

2

経営者から見た私と長福寿寺

「袈裟を脱いだら、ただの友達。袈裟を着たら何かをやってくれるという絶対的な信頼がある」

阿比留宏氏　㈱日本理工医学研究所　代表取締役社長

今井くんとのおつき合いはもう30年以上になります。彼が経営コンサルタントとして働いていた頃、私も父の会社を継いだばかりでした。彼は56代目という、とんでもない長い歴史を背負う覚悟が若い頃からあったようです。同じ後継ぎ同士、共鳴する部分があったのでしょうね。仲良くなることに時間はかからなかったです。かといって、私も『日本経営合理化協会』の全員と親しくなるわけではない。今井くんは出会ったときから、どこかで特別だったのかもしれません。

彼の特徴は何と言っても、飛び抜けて声がでっかいところです（笑）。遠くにいても、

「あ、今井くんがいるね」

すぐに分かっちゃうんですよ。どんなときも腹の底から声が出ている感じ。存在感もあったし、テレビ向きの人だなあと思っていました。いつでも元気がいいですし、『お元氣さま会』の名付け親だというのは納得です。この会も20年以上のおつき合いになりました。「誰が最後まで見送るのか勝負だ！」という年齢になりつつありますが、今でも1年に2〜3回は会っています。意見交換会と言いながら、飲んだり、温泉に行ったり。

あと、メンバーでそれぞれの職場へ〝大人の会社見学〟へ行っています。私の会社にも今井くんは来てくれて、製品を買ってくれました。長福寿寺でイベントがあったときに、出店をしないかと誘ってくれたこともありましたね。いつもどこかで仲間の心配をしてくれている。そういう義理堅い奴です。

そういえば、私の父親が亡くなったときに、たまたま東京で一緒に飲んでいたんですよ。今井くんおすすめの地下にある焼肉屋でした。電話を受けたら、訃報で……私も動揺していたんでしょうね。そのときに今井くんが、

「今から佐世保まで、何万円かかってもいいからタクシーで帰れ！」

そう言ったんですよ。朝になって飛行機で帰った方が早いのに。いつも元気な彼が神妙な顔をして言ってくれたことを今でも思い出します。あと不思議だったのは、当時は平成9年ですから、携帯電話の電波が地下だと入らないはずなんです。それがちゃんとつながって、かかってきたのは今井くんの持っている、目に見えない力のおかげだったのかなあと思いますよね。

長福寿寺には、私も行きました。まあ……行ったら明るすぎる雰囲気に驚きましたよね（笑）。ホームページを見ている限りでは、格式の高い寺なのだと思っていたら、ちょっとした観光地みたいな雰囲気じゃないですか。

それからあの寺はすごく〝気〟がいい。私も地元の長崎県にはおつき合いのある神社仏閣はありますし、京都にも行きます。お参りにはよく行く方だと思っています。

その中でも群を抜いて、気が良かった。

宝くじ入れも買いましたし、お仏壇用のお線香も買いました。ペットを飼っていることもあって、日ごろから香りには気を遣っているんですが、このお線香の香りは特に気に入って今でもずっと購入しています。宝くじ？　当たらなかったです。今井くんに文句を言ってやろうかと思いましたよ（笑）。

彼が金運に特化した寺を運営していることは、メンバーの全員が認めています。会社員時代の実績もあるし、胡散臭いなんて誰も思っちゃいない。むしろ今井くんらしいなと感じていますよ。

あいつなら何か考えがあるはずだっていう信頼がありますから。袈裟を脱いだら、いつまでも変わらない、ただの友達です。

阿比留宏（あびる・ひろし）……長崎県佐世保市を拠点に、『健康で美しい暮らし』をポリシーとして医療機器・美容器の企画・開発・製造を手掛ける㈱日本理工医学研究所の代表取締役社長。平成9年に創業者だった父の後を継いで現職へ。著者とは約30年前、日本経営合理化協会のセミナーで出会って以来、「兄貴」と慕われる間柄

あとがき

私はこれまでに何冊かの著作を上梓させていただきました。内容はあくまでも長福寿寺、そして吉ゾウくんと結愛ちゃんの教えや、金運アップにつながる方法を伝えるものでした。それが今回は、

「今井さんの経営コンサルティング会社出身、そして金運アップ寺の住職というご経歴が非常に貴重でおもしろい。これまで見てこられたお金持ちの考えや、行動、ご自身の経済に対する考えを本にしませんか」

そういうお誘いでした。自分の考えそのものを、媒体を通して打ち出すことには、躊躇がありました。やはりそれは神様の考えに背くのではないかと。

私がコンサルタントとして働いていた、30年前とは様相が変わりました。不景気、パンデミックによって苦しむ人が増えてしまった。ただこれだけは言えるのですが、時代や流行が変動しても、お金持ちになるマインドは全く変わっていないのです。そ

れは周囲の若い人や、参拝客をずっと見てきて思うことです。やる気スイッチが入っただけで、その人の年収はみるみる変わっていく。

「おそらく、その今井さんのお考えは一度形にしなければ、日本経済は衰退していくと思います。今、止まっている人たちのために、金運＝お金を稼ぐ力を本で共有させてください」

メディアの方は非常に口説くことが上手でした。人は〝誰かのために〟動き出すと、想定外の力を発揮することができます。これが長福寿寺の教えの1つ。それならば、と過去の自分のデータを掘り返すことに決めました。

読んでいただいた感想はいかがでしょうか？　中には少々、ハードルが高いものがあったと思いますが、掲載した内容はすべてが事実に基づく、ノンフィクションです。最後に思い切った意見として聞いてほしいことがあります。それは信仰の要素がないと金運も上がらないし、流れは変わらないということ。この事実に気付かない限り、去年、昨日までと同じく細々と家計をやりくりする毎日を過ごすことになります。

その意識改革をするのが、この本であり、私の役目であると信じて書きました。実は経営コンサルタントという仕事も同じで、社長をいい方向に洗脳していかないと前進しません。本人が知らなかった考えに誘導することが仕事なのです。

今でこそ、仏教は神聖なものであると浸透していますが、ブッダが誕生したときは、「とんでもない悪者だ！」と、石を投げられていたこともありました。お国の言う通りになるのではなく『自分の道は自分で開け』と、今までになかった考えを提示するのですから、叩かれて当然です。ですから、住職という立場の私が気をつけているのは、自分の教えを貫いていくこと。自身が不幸にならないことです。自分の考え1つが参拝客や読者のみなさまに影響を及ぼすので、いつも自分が間違っていないかを俯瞰するようにしています。

さてこの本も終わりに差し掛かろうとしております。しつこいかもしれませんが、とにかく大切なことは〝あなたがこれから何を始めるか〟。そして〝今までと何を変

える か〟です。金運も幸運も、すべてはあなたの考え方と、今日からの行動1つで決まるのです。

自分の人生を他人に委ねるなんて、もってのほか。世間の噂や他人の目に振り回されているのは、時間のムダです。

「自分の人生は、自分が主役！」

これを肝に銘じ、いつも口にしてください。続けて、

「自分は最高に運がいい！」

そう心から信じてさらに声に出すことが大事です。

と、ここまで読み終えてくださった時点で、お金を儲けること、金運を上げることが大切なのだと気付いていているはず。ここでもう8割くらい成功したようなものですから、あとは自信を持って、笑顔で進んでください。

改めまして、今回の出版に際してお世話になった方々にお礼を申し上げたいと思います。まずは、私を温かく育ててくださった、日本経営合理化協会・前理事長である

牟田學先生、並びに主席コンサルタントの作間信司先生。そして『お元氣さま会』の藤吉繁子さん、阿比留宏さん、酒井昌浩さん。さらには文友舎の精鋭・前田宗一郎さん、執筆のアドバイスをくださった小林久乃さんには、心より感謝・お礼を申し上げます。そして吉ゾウくんファンのみなさま、長福寿寺のスタッフにも多大なるご協力をいただきました。ありがとうございました。

いつも長福寿寺でお伝えしているのは、毎日が吉日であること。厄日なんて知りません（笑）。自分が動こうとしたその日が大安吉日、この本を手に取ってくださった日こそ、自分が変わる記念日です。金運が上がったら、そのお金を使って、いつか吉ゾウくんと結愛ちゃん、そして私に会いに来てくださることを境内でお待ち申し上げております。そのときはとびきりの笑顔でお願いしますね。

令和3年　8月大安吉日　長福寿寺　住職　今井長秀

[12] 明・元・素

『明るく』『元気で』『素直』の意。ヒューマンウェア研究所の清水英雄氏が提唱

[13] 櫻木神社

千葉県野田市にある神社。野田市最古の神社で桜の名所としても知られる。住所：千葉県野田市桜台210

[14] 大杉神社

茨城県稲敷市にある神社。その美しい社殿群から『茨城の日光東照宮』とも称される。住所：茨城県稲敷市阿波958

[15] 魂レベル

霊性。困難にぶつかってもめげず、成功しても驕らず。気に入らない相手がいたら自分から歩み寄り、理解しようと努めることで育っていく内面の力。金運と開運に直結する

[16] 長所伸展法

その人の良いところや得意なところに注目し、それを伸ばしていく教育方法。長所を伸ばすことで短所は自然に消えていくと説く。日本最大級の経営コンサルティング会社を築いた船井幸雄氏が提唱

[17] 独立不羈

他人の力をあてにせず、自らの考えで行動すること。長福寿寺では「自分らしさ」「自分の長所」を最大限に発揮させること、と説明している

[18] 人形供養

人形やぬいぐるみを手放すとき感謝の意を込めて行う儀式

[19] お坊さんバラエティ ぶっちゃけ寺

2014～2017年放送。テレビ朝日系のバラエティ番組。深夜枠からのスタートだったが、日本各地のお坊さんの生態やその裏側を取り上げて人気を博し、2015年からはゴールデンタイムに移動

[20] 間々観音

愛知県小牧市にある寺院。『日本唯一のお乳のお寺』として知られている。住所：愛知県小牧市間々本町152

[21] 大前恵比寿神社

栃木県真岡市にある神社。御神像『日本一えびす様』を祀っている。住所：栃木県真岡市東郷943

固有名詞・特殊ワード解説

[1] 日本経営合理化協会
1965年、経営の神様・牟田學氏によって設立された主に中小企業の成長・発展を目的とする経営コンサルティング会社

[2] 吉ゾウくん
約440年前、長福寿寺の僧侶の元に舞い降りた『幸福を呼ぶゾウ』。当初は木造だったが斎藤一人氏の協力により石像が建立された。足をなでると、ご利益があると伝えられる

[3] 結愛ちゃん
『吉ゾウくん』と並んで建てられた縁結びや恋愛成就、夫婦円満に絶大なご利益を持つとされるゾウ

[4] パレスホテル
パレスホテル東京。東京都千代田区丸の内にあるホテル。関東近県に展開するパレスホテルチェーンの旗艦ホテル。住所：東京都千代田区丸の内1-1-1

[5] お金さま
お金のこと。長福寿寺ではお金は仏様と同様深く感謝してお祀《まつ》りするものと教えており敬愛の意を込めて『お金さま』と呼ぶ

[6] 祈願祭
長福寿寺の行事の1つ。住職と参拝者が高額当選を祈願して般若心経を唱える

[7] 種銭
お金を儲けるための元手となるお金のこと。長福寿寺では金運を芽吹かせ、育てていくために新札の1万円を推奨

[8] 斎藤一人
銀座まるかん創業者。複数回にわたり、納税額で日本1位に輝いた実業家。長福寿寺にも何度となく足を運んでおり、吉ゾウくんの石像には手形も刻まれている

[9] お元氣さま会（現・太陽会）
日本経営合理化協会勤務時代の著者が、仲の良い先輩経営者や二代目に声をかけて結成した交流会。その後、同協会の現理事長である牟田太陽氏を囲む太陽会と合流した

[10] 大乗仏教
出家者だけでなくすべての人々の救済を掲げる仏教の流派

[11] 維摩経
初期の大乗仏教の経典。資産家である維摩居士を主人公に戯曲的な構成となっているのが特徴

参考文献

■『幾代もの繁栄を築くオーナー社長業』
牟田學著　日本経営合理化協会出版局刊

■『成功の実現』中村天風述　天風会監修
日本経営合理化協会出版局刊

■『ひろさちやの『維摩経』講話』ひろさちや著　春秋社刊

■『〈法華経〉の世界』ひろさちや著　佼成出版社刊

■『地球は「行動の星」だから、動かないと何も始まらないんだよ。』
斎藤一人著　サンマーク出版刊

■『経営者になるためのノート』柳井正著　PHP研究所刊

■『明鏡国語辞典 第三版』北原保雄編　大修館書店刊
＊P12、P25、P27、P40、P52、P73、P78、P86、P108、P117、P122の注釈に引用

■『明鏡ことわざ成句使い方辞典』北原保雄編著　大修館書店刊
＊P72の注釈に引用

長福寿寺 （ちょうふくじゅじ）

約1200年前に桓武天皇の勅願で建立。中世には日本三大学問所の1つとして「西に比叡山、東に長福寿寺あり」と称えられた寺院。正式名称『三途河頭極楽東門蓮華台上阿弥陀坊太平埜山 本実成院 長福寿寺』

- 参拝時間：午前9時～午後4時半（ご朱印は午後4時まで）
- 住所：千葉県長生郡長南町長南969
（JR外房線茂原駅より、小湊バスにて『愛宕町』下車徒歩3分）
- 電話：0475-46-1837／FAX：0475-46-1805

金持ちの生活に真似《まね》ぶ

令和3年8月28日　初版第1刷発行

著者　今井長秀《いまいちょうしゅう》
発行人　加瀬弘忠
編集人　前田宗一郎
発行所　株式会社文友舎
〒102-0082 東京都千代田区一番町29-6
電話　編集部　03-3222-3733
出版営業部　03-6893-5052
www.bunyusha-p.com
印刷所　大日本印刷株式会社

ISBN 978-4-86703-806-2